초등 영어를 결정하는 알파벳과 소리

저자

주선이

영어교육과 스토리텔링을 전공하고, (주)대교와

(주)엔엑스씨(NXC), (주)캐치잇플레이 등에서 근무했다.

다수의 영어 교재를 집필하고 '캐치잇 잉글리시' 영어 앱과

유아용 교실 영어 '플라잉'을 개발했다.

대표 저서

〈초등 영어를 결정하는 파닉스〉, 〈초등 영어를 결정하는 영문법〉,

〈기적의 사이트 워드〉, 〈기적의 영어문장 만들기〉,

〈기적의 영어문장 트레이닝 800〉, 〈기적의 동사변화 트레이닝〉,

〈가장 쉬운 초등 영어일기 따라 쓰기〉 등

초등 영어를 결정하는 알파벳과 소리

저자 주선이

초판 1쇄 발행 2021년 1월 5일   **초판 2쇄 발행** 2024년 5월 10일

발행인 박효상   **편집장** 김현   **기획 · 편집** 장경희, 이한경

편집진행 최주연   **디자인** 임정현   **삽화** 하랑 전수정, 양소이, 주세영

마케팅 이태호, 이전희   **관리** 김태옥   **종이** 월드페이퍼   **인쇄 · 제본** 예림인쇄 · 바인딩

작곡 노한길   **녹음** YR미디어

출판등록 제10-1835호   **발행처** 사람in

주소 04034 서울시 마포구 양화로 11길 14-10 (서교동) 3F

전화 02) 338-3555(代)   **팩스** 02) 338-3545   **E-mail** saramin@netsgo.com

Website www.saramin.com

책값은 뒤표지에 있습니다. 파본은 바꾸어 드립니다.

ⓒ 주선이 2021

ISBN

978-89-6049-878-5 64740

978-89-6049-808-2 (set)

우아한 지적만보, 기민한 실사구시 사람in

어린이제품안전특별법에 의한 제품표시		
KC	**제조자명** 사람in **제조국명** 대한민국 **사용연령** 5세 이상 어린이 제품	**전화번호** 02-338-3555 **주 소** 서울시 마포구 양화로 11길 14-10 3층

영어를 결정하는 초등

알파벳과 소리

사람in
saram
in.com

머리말

영어 학습의 시작은 알파벳입니다.

요즘은 아이들이 어린이집이나 유치원에서 주 1회 이상 영어를 접할 기회가 있습니다. 그래서 아이들이 알파벳 정도는 잘 알 거라 생각해서 막상 파닉스 학습을 시작해 보면 이전에 뭘 배웠나 싶을 정도로 아는 것이 없어 부모님들이 실망하는 경우를 자주 봅니다. 보통 유아나 유치원생 단계에서 알파벳 학습은 주로 글자 모양 인지와 이름 익히기 위주의 활동과 대표 단어 몇 개로만 구성되어 있습니다. 읽기 능력을 연구한 한 연구 결과에 따르면, 단어 속 소리를 인식(음운 인식: Phonemic Awareness)하는 능력이 앞으로의 읽기 실력을 좌우할 수 있는 가장 강력한 변수라고 합니다.

그래서 우리 아이가 영어 읽기를 잘하길 원한다면 '빨리빨리'가 아니라 '올바른' 방법으로 알파벳을 가르쳐 주어야 합니다. 그렇다면 평생의 읽기 실력의 기초가 될 올바른 알파벳 학습법은 무엇일까요? 그 질문에 대한 답을 마련하기 위해 이 책을 집필하게 되었습니다.

영어 학습은 소리로 시작해야 합니다.

■ 소리에 예민한 귀를 만들어 주세요.

영어는 소리 글자입니다. 영어 단어는 소리를 나타내는 글자로 이루어져 있습니다. 무작정 흘려 듣기를 하는 것으로는 절대 영어가 늘 수 없습니다. 의식적으로 소리 듣기 훈련을 해야 글자가 어떤 소리가 나는지, 어떤 소리가 합쳐져서 단어가 만들어지는지 이해하게 됩니다. 이렇게 소리 듣기를 충분히 훈련하고 나면 영어를 더 잘 듣게 될 뿐 아니라 훨씬 빠르고 정확하게 읽을 수 있습니다.

■ 그래서 알파벳 학습은 글자보다 소리가 우선입니다.

영어가 외국어인 우리나라에서 영어를 처음 배울 때는 가장 먼저 알파벳부터 접하게 됩니다. 이 책은 26개 알파벳의 대표적인 *소릿값을 챈트와 10개의 대표 단어를 통해 충분히 듣고 말해 보도록 구성했습니다.

★소릿값: 낱자가 지니고 있는 본바탕 소리의 측정치

파닉스를 배우기 전 소리 인식 연습이 먼저입니다.

■ 파닉스가 어렵다면 알파벳 학습부터 다시 하세요.

영어 단어 읽기 규칙을 익히는 파닉스 학습. 하지만 파닉스 학습의 효과를 제대로 얻으려면 영어의 소리 인식을 위한 충분한 훈련이 필요합니다. 이 책에 나온 단어 속에서 첫소리와 끝소리를 인식하기, 비슷한 발음의 단어 읽기 등의 훈련을 통해 알파벳을 소리로 구분할 수 있는 기초 능력을 갖추게 될 것입니다.

궁극적으로 영어를 말할 수 있어야 합니다.

■ 자신의 입으로 정확한 소리를 내는 연습을 해야 해요.

영어의 소릿값은 우리말과 다릅니다. 우리말 'ㅂ'과 비슷하게 들리는 [b]와 [v]는 서로 다른 소리입니다. 정확한 발음법을 모르면 한국식 영어 발음을 할 수밖에 없습니다. 이 책에는 소리를 만드는 기관(입 근육과 혀, 성대)에 관심을 갖고 연습을 하도록 발음기호와 삽화, 발음법을 함께 실었습니다.

처음 배운 알파벳 쓰기 습관은 평생을 갑니다.

■ 시작점이 정확한 쓰기 연습이어야 합니다.

한 번 잘못 잡힌 알파벳 쓰기 습관으로 인해 평생 알아보기 힘든 글씨체를 가지게 되거나 빨리 쓰는 것이 힘들어질 수 있습니다. 이 책에는 알파벳 쓰기 습관을 바르게 교정할 수 있도록 첫 시작점과 순서를 반복하여 표기했습니다.

부디 이 책이 우리 아이들에게 영어 학습의 올바른 첫걸음이 되어 주길 기대합니다.

주선이

목차

이 책은 어떻게 활용하나요?

1단계
〈글자와 이름〉 알파벳의 이름과 대소문자

[글자와 이름]
여러 서체의 글자 속에서 공통점을 찾아보세요. 대소문자를 짝을
지어 함께 이름을 익힙니다. 손으로 짚으며 읽어 보세요.

[선행학습 진단]
시작점에 주의해서 순서대로 따라 써 보세요. 먼저
스스로 써 보고 잘못 알고 있는 부분을 찾아보세요.

[텅 트위스터(tongue twister)]
같은 소리가 반복되는 문장을 통해 소릿값도
익히고 대소문자를 찾아봅니다.

2단계
〈글자와 소리〉 알파벳의 소리와 발음법

[글자와 소리]
발음기호를 익히며, 입 모양에 맞춰 발음을 정확하게 따라
해 보세요. 소리가 나오는 신체 기관과 입 모양에 관심을
갖게 해 주세요.

[챈트(chant)]
챈트를 따라 하며 각 글자의 이름과 소릿값을 신나게
익혀 보세요. 챈트 전체 가사는 정답 페이지에 있습니다.

3단계
〈연습〉 소리와 글자의 대응

[연습 Ⓐ & Ⓑ 소리와 글자]
소리를 듣고 단어 속 글자를 써 보는 연습을 합니다.
글자를 쓸 때 시작점과 순서에 유의하세요.

[연습 Ⓒ 소릿값 구별]
한 소릿값으로 인해 뜻이 달라지는 두
단어(Minimal Pair)를 통해 다른 소릿
값과 구별하는 연습입니다. 문제를 다
푼 후 단어를 듣고 따라 해 보세요.

복습
〈Review〉

플래시 카드

[글자와 이름]
3개의 글자가 끝날 때마다 단어 안에서 글자와
소리를 함께 비교, 대조하며 확인합니다.

[카드 활용]
카드를 이용해 예습과 복습을 해 보세요.
1) 알파벳 순서 익히기
2) 대소문자 매칭하기
3) 대소문자 카드로 단어 만들기

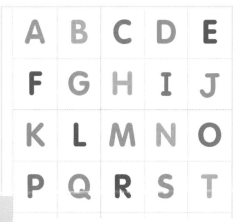

★ QR 코드를 통해 원어민의 발음을 듣고 따라 해 보세요.

알파벳 학습에도 단계가 있습니다.

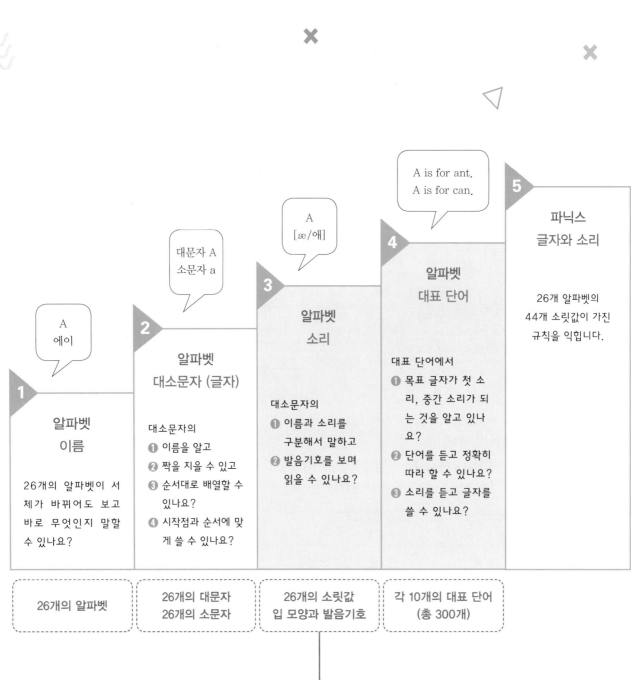

1
A
에이

알파벳 이름

26개의 알파벳이 서체가 바뀌어도 보고 바로 무엇인지 말할 수 있나요?

2
대문자 A
소문자 a

알파벳 대소문자 (글자)

대소문자의
① 이름을 알고
② 짝을 지을 수 있고
③ 순서대로 배열할 수 있나요?
④ 시작점과 순서에 맞게 쓸 수 있나요?

3
A
[æ/애]

알파벳 소리

대소문자의
① 이름과 소리를 구분해서 말하고
② 발음기호를 보며 읽을 수 있나요?

4
A is for ant.
A is for can.

알파벳 대표 단어

대표 단어에서
① 목표 글자가 첫 소리, 중간 소리가 되는 것을 알고 있나요?
② 단어를 듣고 정확히 따라 할 수 있나요?
③ 소리를 듣고 글자를 쓸 수 있나요?

5

파닉스 글자와 소리

26개 알파벳의 44개 소릿값이 가진 규칙을 익힙니다.

26개의 알파벳

26개의 대문자
26개의 소문자

26개의 소릿값
입 모양과 발음기호

각 10개의 대표 단어
(총 300개)

파닉스와 바로 연결됩니다.

PART 1

Aa~Ff

각 알파벳에 해당하는 카드를 찾아 아래 표와 같은 순서로 놓아 보세요.

A 에이	**a** 에이	**B** 비이	**b** 비이
C 씨이	**c** 씨이	**D** 디이	**d** 디이
E 이이	**e** 이이	**F** 에프	**f** 에프

각 알파벳의 이름을
큰 소리로 읽어 보세요.

Aa

● 글자와 이름 ●

이 글자의 이름은 '에이'라고 해요. 손으로 글자를 짚으면서 이름을 말해 보세요.

큰 글자 **A**는 '대문자 에이'예요. 작은 글자 **a**는 '소문자 에이'예요.

● 시작점과 순서에 주의해서 대문자 A와 소문자 a를 써 보세요.

다음 문장을 듣고, 따라 읽으며 대문자 A와 소문자 a에 동그라미 하세요.

Aunt Alice in pants is fast.

바지(pants)를 입은 앨리스(Alice) 이모(Aunt)는 빨라요(fast).

001

● 글자와 소리 ●

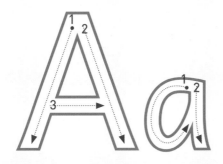

알파벳 Aa(에이)를 단어 안에서 읽을 때는 [æ/애]라고 발음해요.

알파벳 Aa는 여러 가지 소리가 나지만 [æ/애]가 대표적인 소리랍니다.

우리말 [애]보다 턱을 더 아래로 당겨 입을 크게 벌리고 발음해요.

☻ 입 모양에 주의하며 챈트를 따라 해 보세요.

002

A is for act.
행동하다

A is for ant.
개미

A is for can.
통조림, 깡통

A is for hat.
모자

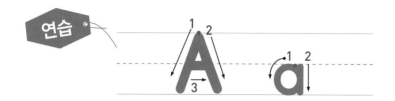

연습

A 따라 읽고 빈칸에 a를 써 보세요.

003

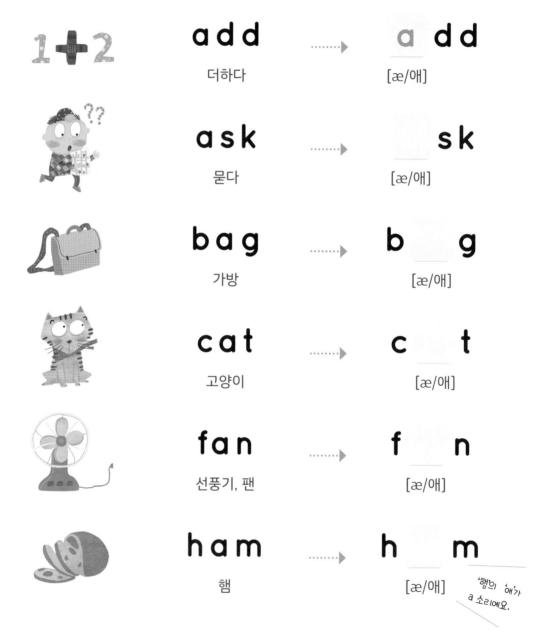

1+2   **a d d** ·······▶ **a d d**
　　　　더하다　　　　　　　[æ/애]

　　　　a s k ·······▶ **　s k**
　　　　묻다　　　　　　　　[æ/애]

　　　　b a g ·······▶ **b 　g**
　　　　가방　　　　　　　　[æ/애]

　　　　c a t ·······▶ **c 　t**
　　　　고양이　　　　　　　[æ/애]

　　　　f a n ·······▶ **f 　n**
　　　　선풍기, 팬　　　　　[æ/애]

　　　　h a m ·······▶ **h 　m**
　　　　햄　　　　　　　　　[æ/애]　'햄'의 '애'가
　　　　　　　　　　　　　　　　　　a 소리예요.

---

❶ 소문자 카드를 이용해서 위의 단어를 직접 만들어 보세요.　a s k

❷ 대문자 카드를 이용해서 위의 단어를 직접 만들어 보세요.　A S K

①

c
b a g
t

②

d
h m
m

③

n t
s
k

④

f
c n
n

⑤

c t
d
d

C 잘 듣고 두 단어 중 a[æ/애] 소리가 나는 단어의 빈칸에 동그라미 하세요.

005

① ⓐ d ◯ d   ⓑ d ☐ d   **②** ⓐ c ☐ t   ⓑ c ☐ t

③ ⓐ b ☐ g   ⓑ b ☐ g   **④** ⓐ h ☐ m   ⓑ h ☐ m

⑤ ⓐ t ☐ p   ⓑ t ☐ p   **⑥** ⓐ f ☐ n   ⓑ f ☐ n

B b

● 글자와 이름 ●

이 글자의 이름은 '**비**이'라고 해요. 손으로 글자를 짚으면서 이름을 말해 보세요.

큰 글자 **B**는 '대문자 **비**이'예요. 작은 글자 **b**는 '소문자 **비**이'예요.

● 시작점과 순서에 주의해서 대문자 B와 소문자 b를 써 보세요.

다음 문장을 듣고, 따라 읽으며 대문자 B와 소문자 b에 동그라미 하세요.

Blake the baker bakes black bread.

빵집 주인(baker) 블레이크(Blake)는 검은(black) 빵(bread)을 구워요(bake).

006

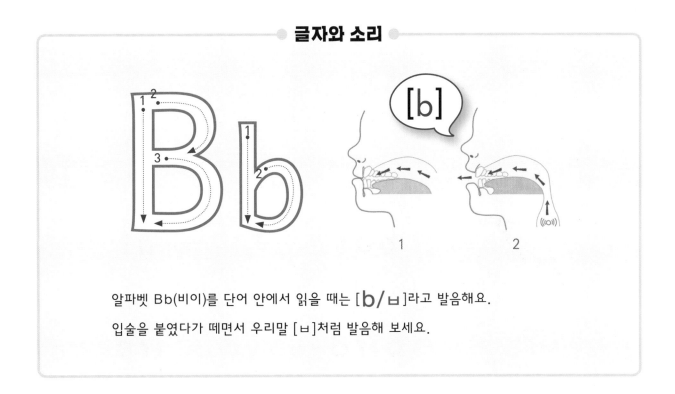

알파벳 Bb(비이)를 단어 안에서 읽을 때는 [b/ㅂ]라고 발음해요.

입술을 붙였다가 떼면서 우리말 [ㅂ]처럼 발음해 보세요.

● 입 모양에 주의하며 챈트를 따라 해 보세요.

007

B is for bee.

벌

B is for bear.

곰

B is for boat.

보트, 배

B is for book.

책

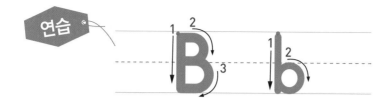

A 따라 읽고 빈칸에 b를 써 보세요.

008

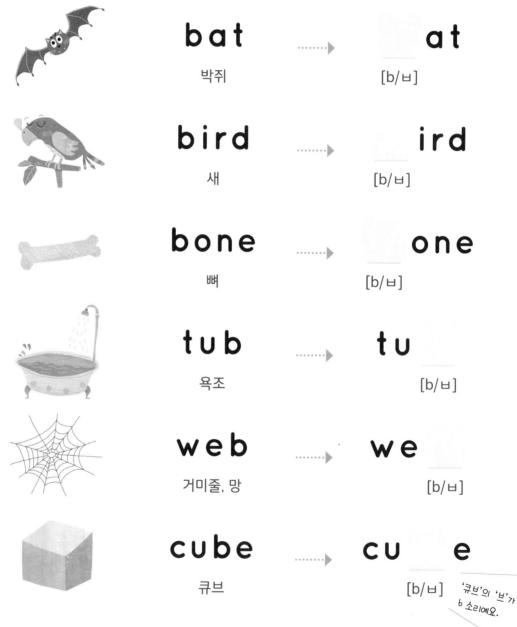

bat → ＿at
박쥐　　　　　[b/ㅂ]

bird → ＿ird
새　　　　　[b/ㅂ]

bone → ＿one
뼈　　　　　[b/ㅂ]

tub → tu＿
욕조　　　　　[b/ㅂ]

web → we＿
거미줄, 망　　　　[b/ㅂ]

cube → cu＿e
큐브　　　　　[b/ㅂ]　'큐브'의 '브'가
　　　　　　　　　　　b 소리예요.

❶ 소문자 카드를 이용해서 위의 단어를 직접 만들어 보세요.　
❷ 대문자 카드를 이용해서 위의 단어를 직접 만들어 보세요.

009

B 듣고 빈칸에 b를 써 보세요. 가로, 세로 순서로 들으세요.

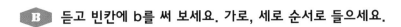

❶
e a r
o
n
e

❷
w e
t u

❸
e a t
e e
e e

❹
i n
a
g

❺
o a t
o
o k

C 잘 듣고 두 단어 중 b[b/ㅂ] 소리가 나는 단어의 빈칸에 동그라미 하세요.

010

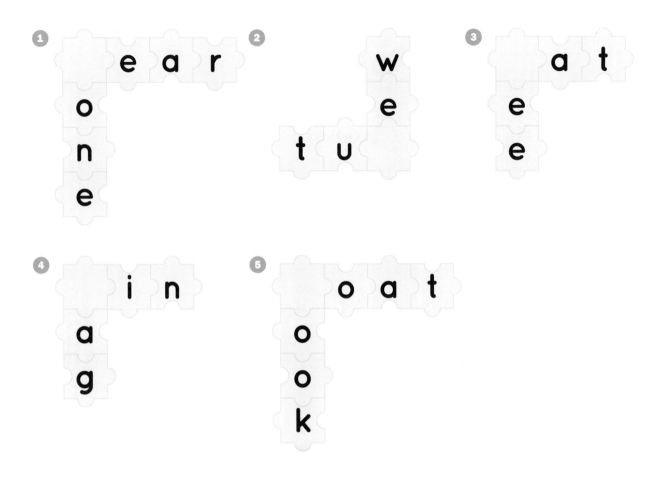

❶ ⓐ at ⓑ at **❷** ⓐ ee ⓑ ee

❸ ⓐ ag ⓑ ag **❹** ⓐ ear ⓑ ear

❺ ⓐ ook ⓑ ook **❻** ⓐ oat ⓑ oat

C c

● 글자와 이름 ●

C c   C c   C c

이 글자의 이름은 '씨이'라고 해요. 손으로 글자를 짚으면서 이름을 말해 보세요.

큰 글자 C는 '대문자 씨이'예요. 작은 글자 c는 '소문자 씨이'예요.

● 시작점과 순서에 주의해서 대문자 C와 소문자 c를 써 보세요.

다음 문장을 듣고, 따라 읽으며 대문자 C와 소문자 c에 동그라미 하세요.

Cathy cleans copper cups.

캐시(Cathy)는 구리(copper) 컵들(cups)을 깨끗이 닦아요(cleans).

011

글자와 소리

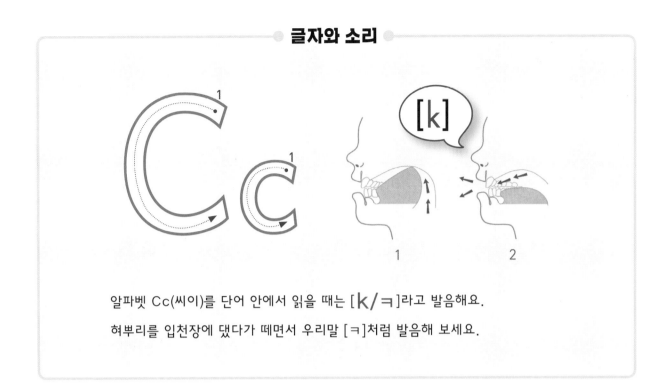

알파벳 Cc(씨이)를 단어 안에서 읽을 때는 [k/ㅋ]라고 발음해요.

혀뿌리를 입천장에 댔다가 떼면서 우리말 [ㅋ]처럼 발음해 보세요.

● 입 모양에 주의하며 챈트를 따라 해 보세요.

012

C is for cat.

고양이

C is for cow.

젖소

C is for cup.

컵

C is for cry.

울다

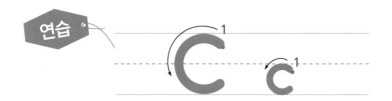

연습

C c

A 따라 읽고 빈칸에 c를 써 보세요.

013

can 통조림, 깡통	⋯⋯▶	▢ a n [k/ㅋ]
cut 자르다	⋯⋯▶	▢ u t [k/ㅋ]
cop 경찰관	⋯⋯▶	▢ o p [k/ㅋ]
cone 콘, 원뿔	⋯⋯▶	▢ o n e [k/ㅋ]
coat 코트	⋯⋯▶	▢ o a t [k/ㅋ]
back 등	⋯⋯▶	b a ▢ k [k/ㅋ]

c, k가 같이 쓰이면 한 소리만 나요.

❶ 소문자 카드를 이용해서 위의 단어를 직접 만들어 보세요.
❷ 대문자 카드를 이용해서 위의 단어를 직접 만들어 보세요.

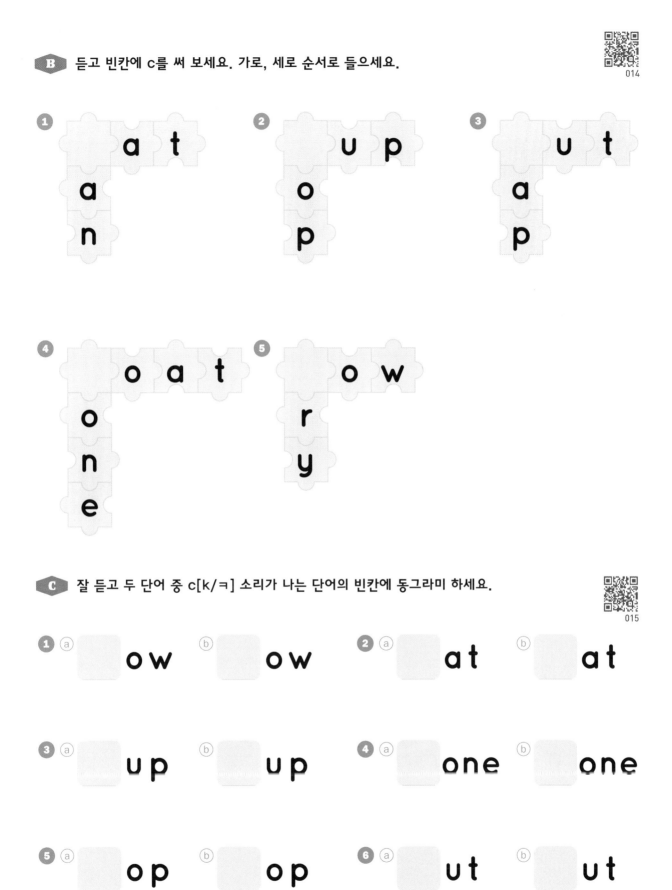

B 듣고 빈칸에 c를 써 보세요. 가로, 세로 순서로 들으세요.

014

❶
a t
a
n

❷
u p
o
p

❸
u t
a
p

❹
o a t
o
n
e

❺
o w
r
y

C 잘 듣고 두 단어 중 c[k/ㅋ] 소리가 나는 단어의 빈칸에 동그라미 하세요.

015

❶ ⓐ o w ⓑ o w   **❷** ⓐ a t ⓑ a t

❸ ⓐ u p ⓑ u p   **❹** ⓐ one ⓑ one

❺ ⓐ o p ⓑ o p   **❻** ⓐ u t ⓑ u t

Review

a [æ] **b** [b] **c** [k]

A 잘 듣고, 들은 단어에 동그라미 하세요.

016

1
ⓐ ⓑ

can ant

2
ⓐ ⓑ

cup book

3
ⓐ ⓑ

bee back

4
ⓐ ⓑ

hat bear

5
ⓐ ⓑ

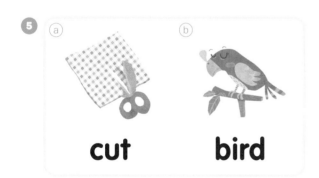

cut bird

6
ⓐ ⓑ

cry bat

B 잘 듣고, 세 단어에 모두 들어가는 소리에 동그라미 하세요.

017

1 □ird   □one   □oat   ⓑ[b/ㅂ] **c**[k/ㅋ]

2 □ct   □nt   □dd   **a**[æ/애] **b**[b/ㅂ]

3 □ack   □ed   □ike   **b**[b/ㅂ] **c**[k/ㅋ]

4 b□g   c□t   f□n   **a**[æ/애] **c**[k/ㅋ]

5 □ow   □an   □up   **b**[b/ㅂ] **c**[k/ㅋ]

C 잘 듣고, 빈칸에 빠진 글자를 쓰세요.

① a nt

② we ___

③ ___ ow

④ ___ one

⑤ b ___ g

⑥ tu ___

D 잘 듣고, 서로 다른 소리가 나는 부분에 동그라미 하세요.

1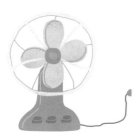

f(a)n
선풍기

f(i)n
지느러미

2

boat
보트, 배

coat
코트

3

hat
모자

hit
치다

4

bat
박쥐

cat
고양이

D d

글자와 이름

Dd **Dd** **Dd**

이 글자의 이름은 '**디**이'라고 해요. 손으로 글자를 짚으면서 이름을 말해 보세요.

큰 글자 **D**는 '대문자 **디**이'예요. 작은 글자 **d**는 '소문자 **디**이'예요.

🌐 시작점과 순서에 주의해서 대문자 D와 소문자 d를 써 보세요.

D D D

d d d

다음 문장을 듣고, 따라 읽으며 소문자 d에 동그라미 하세요.

A dog and a deer are digging.

개(dog) 한 마리와 사슴(deer) 한 마리가 땅을 파고 있어요(are digging).

020

글자와 소리

알파벳 Dd(디이)를 단어 안에서 읽을 때는 [d/ㄷ]라고 발음해요.

혀끝을 윗니 뒤에 붙였다가 떼며 우리말 [ㄷ]처럼 발음해 보세요.

입 모양에 주의하며 챈트를 따라 해 보세요.

021

D is for dice.

주사위

D is for doll.

인형

D is for door.

문

D is for draw.

그리다

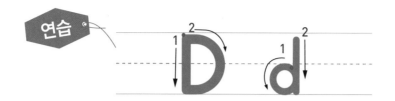

연습

A 따라 읽고 빈칸에 d를 써 보세요.

022

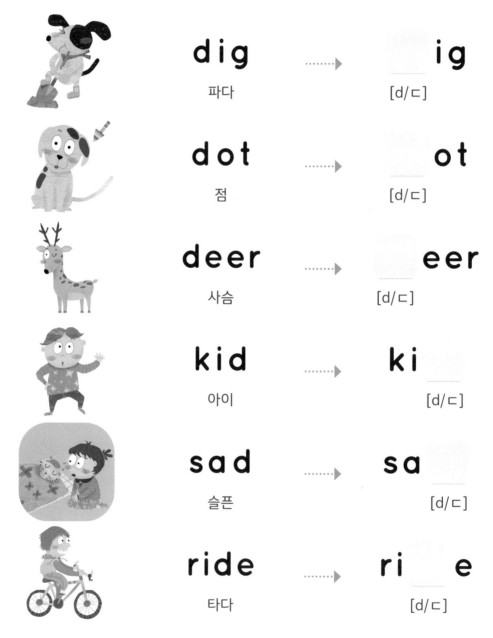

dig   ·······▶   ☐ ig
파다   [d/ㄷ]

dot   ·······▶   ☐ ot
점   [d/ㄷ]

deer   ·······▶   ☐ eer
사슴   [d/ㄷ]

kid   ·······▶   ki ☐
아이   [d/ㄷ]

sad   ·······▶   sa ☐
슬픈   [d/ㄷ]

ride   ·······▶   ri ☐ e
타다   [d/ㄷ]

❶ 소문자 카드를 이용해서 위의 단어를 직접 만들어 보세요.
❷ 대문자 카드를 이용해서 위의 단어를 직접 만들어 보세요.

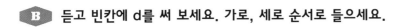

B 듣고 빈칸에 d를 써 보세요. 가로, 세로 순서로 들으세요.

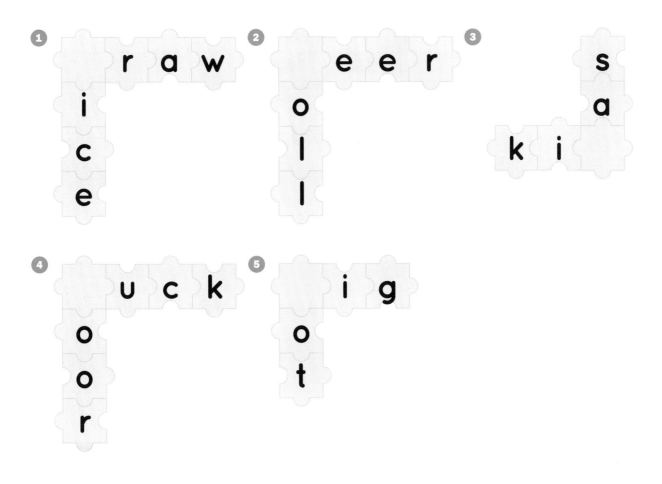

C 잘 듣고 두 단어 중 d[d/ㄷ] 소리가 나는 단어의 빈칸에 동그라미 하세요.

1 ⓐ ☐uck ⓑ ☐uck   **2** ⓐ ☐og ⓑ ☐og

3 ⓐ ☐ig ⓑ ☐ig   **4** ⓐ ☐ry ⓑ ☐ry

5 ⓐ ☐oor ⓑ ☐oor   **6** ⓐ ☐eer ⓑ ☐eer

E e

● 글자와 이름 ●

Ee Ee Ee

이 글자의 이름은 '**이**이'라고 해요. 손으로 글자를 짚으면서 이름을 말해 보세요.

큰 글자 **E**는 '대문자 **이**이'예요. 작은 글자 **e**는 '소문자 **이**이'예요.

● 시작점과 순서에 주의해서 대문자 E와 소문자 e를 써 보세요.

E   E   E

e   e   e

다음 문장을 듣고, 따라 읽으며 대문자 E와 소문자 e에 동그라미 하세요.

Eddie ate eight eggs every day.

에디(Eddie)는 달걀(eggs) 8개(eight)를 매일(every day) 먹었어요(ate).

025

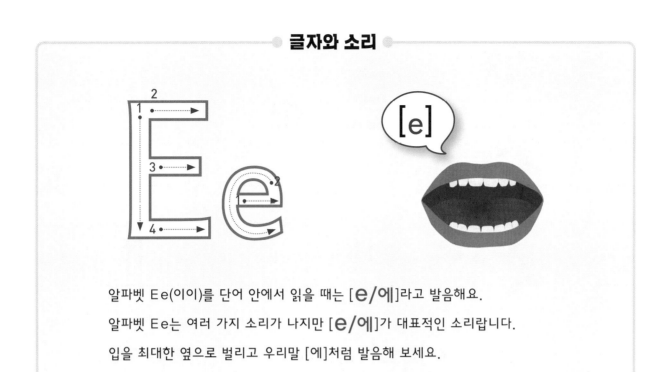

알파벳 Ee(이이)를 단어 안에서 읽을 때는 [e/에]라고 발음해요.

알파벳 Ee는 여러 가지 소리가 나지만 [e/에]가 대표적인 소리랍니다.

입을 최대한 옆으로 벌리고 우리말 [에]처럼 발음해 보세요.

● 입 모양에 주의하며 챈트를 따라 해 보세요.

026

E is for egg.
달걀

E is for end.
끝

E is for bed.
침대

E is for hen.
암탉

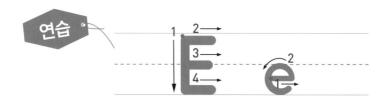

A 따라 읽고 빈칸에 e를 써 보세요.

027

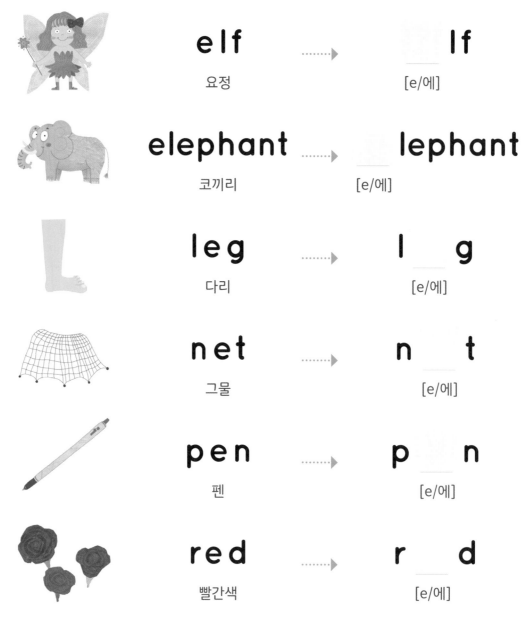

elf   ⋯⋯▶   lf
요정   [e/에]

elephant ⋯⋯▶ lephant
코끼리   [e/에]

leg   ⋯⋯▶   l g
다리   [e/에]

net   ⋯⋯▶   n t
그물   [e/에]

pen   ⋯⋯▶   p n
펜   [e/에]

red   ⋯⋯▶   r d
빨간색   [e/에]

❶ 소문자 카드를 이용해서 위의 단어를 직접 만들어 보세요.
❷ 대문자 카드를 이용해서 위의 단어를 직접 만들어 보세요.

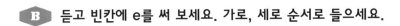

B 듣고 빈칸에 e를 써 보세요. 가로, 세로 순서로 들으세요.

028

1 n d
g
g

2 l
l f
g

3 r
b d
d

4 p
h n
n

5 b
n t
t

C 잘 듣고 두 단어 중 e[e/에] 소리가 나는 단어의 빈칸에 동그라미 하세요.

029

1 ⓐ b g   ⓑ b g   **2** ⓐ p n   ⓑ p n

3 ⓐ m t   ⓑ m t   **4** ⓐ h ll   ⓑ h ll

5 ⓐ g t   ⓑ g t   **6** ⓐ b t   ⓑ b t

F f

글자와 이름

Ff Ff **Ff**

이 글자의 이름은 '**에프**'라고 해요. 손으로 글자를 짚으면서 이름을 말해 보세요.

큰 글자 **F**는 '**대문자 에프**'예요. 작은 글자 **f**는 '**소문자 에프**'예요.

● 시작점과 순서에 주의해서 대문자 F와 소문자 f를 써 보세요.

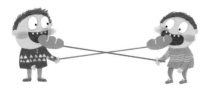

다음 문장을 듣고, 따라 읽으며 대문자 F와 소문자 f에 동그라미 하세요.

Fred fed Ted bread, and Ted fed Fred bread.

030

프레드(Fred)는 테드(Ted)에게 빵을 먹여줬고(fed)
테드(Ted)는 프레드(Fred)에게 빵을 먹여줬어요(fed).

글자와 소리

알파벳 Ff(에프)를 단어 안에서 읽을 때는 [f/ㅍ]라고 발음해요. 윗니를 아랫입술에 살짝 붙이고 그 사이로 바람을 불어넣어 발음해 보세요. 우리말의 [ㅍ]처럼 윗입술과 아랫입술을 딱 붙였다가 떼며 발음하는 것이 아니라는 점에 주의하세요.

● 입 모양에 주의하며 챈트를 따라 해 보세요.

031

F is for face.

얼굴

F is for fish.

물고기

F is for fly.

날다

F is for leaf.

나뭇잎

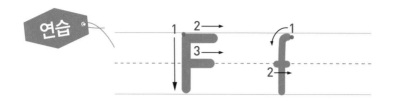

연습

A 따라 읽고 빈칸에 f를 써 보세요.

032

farm ·········▶ ⬚arm

농장　　　　　　[f/ㅍ]

feet ·········▶ ⬚eet

두 발　　　　　　[f/ㅍ]

five ·········▶ ⬚ive

다섯, 5　　　　　[f/ㅍ]

fork ·········▶ ⬚ork

포크　　　　　　[f/ㅍ]

wife ·······▶ wi⬚e

아내　　　　　　[f/ㅍ]

cliff ·······▶ cli⬚

절벽　　　　　　[f/ㅍ]

같은 글자가 반복될 때는 한 번만 발음해요.

❶ 소문자 카드를 이용해서 위의 단어를 직접 만들어 보세요.
❷ 대문자 카드를 이용해서 위의 단어를 직접 만들어 보세요.

B 듣고 빈칸에 f를 써 보세요. 가로, 세로 순서로 들으세요.

1
a r m
l
y

2
i n
r
y

3
l e a
i
s
h

4
o r k
a
c
e

5
e e t
i
v
e

C 잘 듣고 두 단어 중 f[f/ㅍ] 소리가 나는 단어의 빈칸에 동그라미 하세요.

1 ⓐ ☐ in   ⓑ ☐ in

2 ⓐ ☐ eet   ⓑ ☐ eet

3 ⓐ ☐ arm   ⓑ ☐ arm

4 ⓐ ☐ ive   ⓑ ☐ ive

5 ⓐ ☐ ace   ⓑ ☐ ace

6 ⓐ ☐ ish   ⓑ ☐ ish

Review

A 잘 듣고, 들은 단어에 동그라미 하세요.

035

1 ⓐ ⓑ

fork   draw

2 ⓐ ⓑ

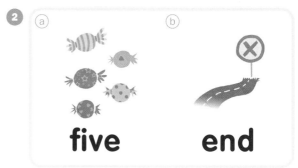

five   end

3 ⓐ ⓑ

hen   dot

4 ⓐ ⓑ

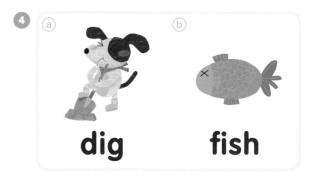

dig   fish

5 ⓐ ⓑ

doll   bed

6 ⓐ ⓑ

leg   fly

B 잘 듣고, 세 단어에 모두 들어가는 소리에 동그라미 하세요.

036

1

gg   lf   nd   **d**[d/ㄷ]   **e**[e/에]

2

eer   ice   oor   **e**[e/에]   **d**[d/ㄷ]

3

arm   ish   eet   **f**[f/ㅍ]   **e**[e/에]

4

ig   ot   ip   **d**[d/ㄷ]   **f**[f/ㅍ]

5

lea   wi   e cli   **f**[f/ㅍ]   **e**[e/에]

d e f

1

gg

2

ki

3

ace

4

n t

5

lea

6

ri e

D 잘 듣고, 서로 다른 소리가 나는 부분에 동그라미 하세요.

①  **five**
다섯, 5

dive
다이빙하다

②  **sad**
슬픈

sack
자루

③  **pen**
펜

pin
핀

④  **wife**
아내

wide
넓은

check check

◉ 손가락으로 글자를 짚으면서 아래의 지시에 따라 해 보세요.

❶ 각 글자의 이름을 말해 보세요.

❷ 각 글자의 발음을 말해 보세요.

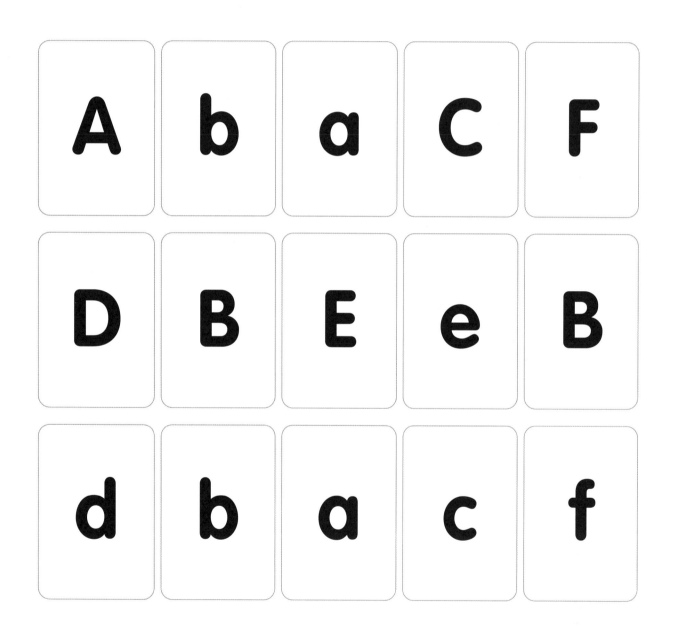

PART 2

Gg~Ll

각 알파벳에 해당하는 카드를 찾아 아래 표와 같은 순서로 놓아 보세요.

G 쥐이	**g** 쥐이	**H** 에이취	**h** 에이취
I 아이	**i** 아이	**J** 줴이	**j** 줴이
K 케이	**k** 케이	**L** 엘	**l** 엘

각 알파벳의 이름을
큰 소리로 읽어 보세요.

unit 7

G g

글자와 이름

이 글자의 이름은 '쥐이'라고 해요. 손으로 글자를 짚으면서 이름을 말해 보세요.

큰 글자 **G**는 '대문자 **쥐**이'예요. 작은 글자 **g**는 '소문자 **쥐**이'예요.

● 시작점과 순서에 주의해서 대문자 G와 소문자 g를 써 보세요.

다음 문장을 듣고, 따라 읽으며 대문자 G와 소문자 g에 동그라미 하세요.

Give me the gift of a green glass.

039

초록색(green) 유리잔(glass) 선물(gift)을 나에게 줘요(give).

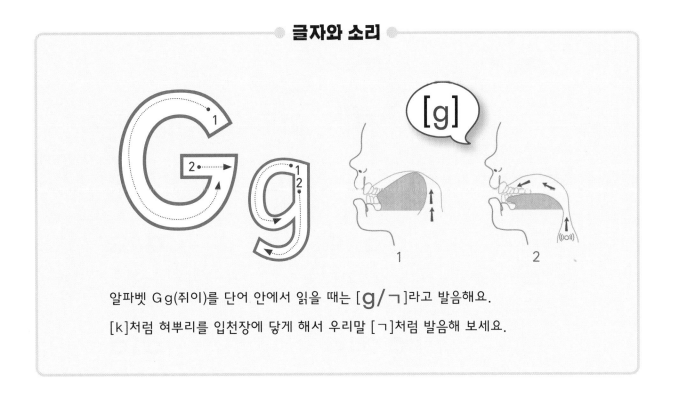

알파벳 Gg(쥐이)를 단어 안에서 읽을 때는 [g/ㄱ]라고 발음해요.

[k]처럼 혀뿌리를 입천장에 닿게 해서 우리말 [ㄱ]처럼 발음해 보세요.

● 입 모양에 주의하며 챈트를 따라 해 보세요.

040

G is for game.
게임, 경기

G is for gift.
선물

G is for glue.
풀

G is for goat.
염소

연습

A 따라 읽고 빈칸에 g를 써 보세요.

gate ⟶ ate
큰 문, 게이트 [g/ㄱ]

'게이트'의 'ㄱ'가
g 소리에요.

gold ⟶ old
금 [g/ㄱ]

good ⟶ ood
좋은 [g/ㄱ]

bug ⟶ bu
벌레 [g/ㄱ]

hug ⟶ hu
껴안다 [g/ㄱ]

tag ⟶ ta
꼬리표 [g/ㄱ]

❶ 소문자 카드를 이용해서 위의 단어를 직접 만들어 보세요.
❷ 대문자 카드를 이용해서 위의 단어를 직접 만들어 보세요.

B 듣고 빈칸에 g를 써 보세요. 가로, 세로 순서로 들으세요.

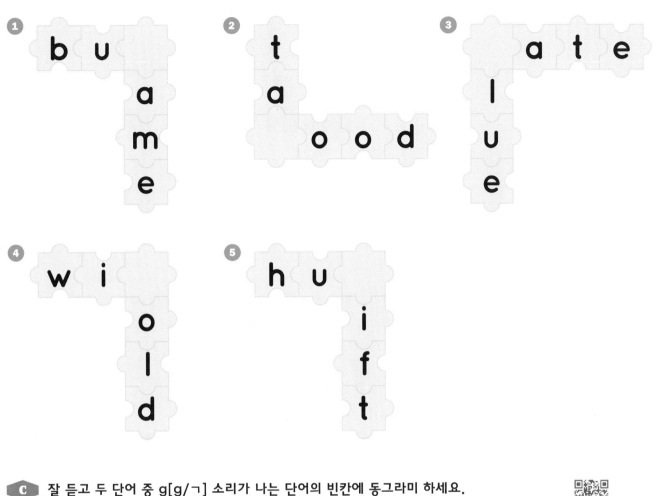

① b u _ / _ a m e

② t a _ / _ o o d

③ _ a t e / _ l u e

④ w i _ / _ o l d

⑤ h u _ / _ i f t

C 잘 듣고 두 단어 중 g[g/ㄱ] 소리가 나는 단어의 빈칸에 동그라미 하세요.

043

① ⓐ lue   ⓑ lue   ② ⓐ ame   ⓑ ame

③ ⓐ um   ⓑ um   ④ ⓐ old   ⓑ old

⑤ ⓐ ag   ⓑ ag   ⑥ ⓐ oat   ⓑ oat

H h

글자와 이름

Hh   Hh   Hh

이 글자의 이름은 '에이취'라고 해요. 손으로 글자를 짚으면서 이름을 말해 보세요.

큰 글자 **H**는 '대문자 **에이취**'예요. 작은 글자 **h**는 '소문자 **에이취**'예요.

● 시작점과 순서에 주의해서 대문자 H와 소문자 h를 써 보세요.

다음 문장을 듣고, 따라 읽으며 대문자 H와 소문자 h에 동그라미 하세요.

Her left hand really hurts.

044

그녀의(her) 왼쪽(left) 손(hand)이 정말(really) 아파요(hurts).

알파벳 H h(에이취)를 단어 안에서 읽을 때는 [h/ㅎ]라고 발음해요.

공기를 내뿜으면서 우리말 [ㅎ]처럼 발음해 보세요.

● 입 모양에 주의하며 챈트를 따라 해 보세요.

045

H is for hair.
머리카락

H is for hand.
손

H is for home.
집

H is for hole.
구멍

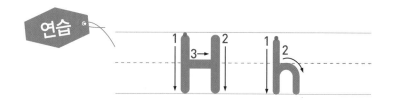

연습

A 따라 읽고 빈칸에 h를 써 보세요.

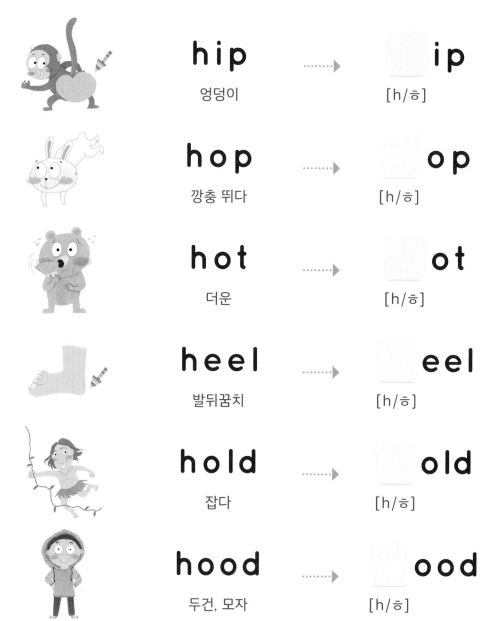

hip
엉덩이 ┈┈▶ ⬜ip [h/ㅎ]

hop
깡충 뛰다 ┈┈▶ ⬜op [h/ㅎ]

hot
더운 ┈┈▶ ⬜ot [h/ㅎ]

heel
발뒤꿈치 ┈┈▶ ⬜eel [h/ㅎ]

hold
잡다 ┈┈▶ ⬜old [h/ㅎ]

hood
두건, 모자 ┈┈▶ ⬜ood [h/ㅎ]

❶ 소문자 카드를 이용해서 위의 단어를 직접 만들어 보세요.
❷ 대문자 카드를 이용해서 위의 단어를 직접 만들어 보세요.

B 듣고 빈칸에 h를 써 보세요. 가로, 세로 순서로 들으세요.

① at / ot / t

② ip / op / p

③ old / ai r

④ are / e el

⑤ ome / ole

C 잘 듣고 두 단어 중 h[h/ㅎ] 소리가 나는 단어의 빈칸에 동그라미 하세요.

① ⓐ ot ⓑ ot

② ⓐ ole ⓑ ole

③ ⓐ ip ⓑ ip

④ ⓐ old ⓑ old

⑤ ⓐ ood ⓑ ood

⑥ ⓐ eel ⓑ eel

I i

글자와 이름

이 글자의 이름은 '**아이**'라고 해요. 손으로 글자를 짚으면서 이름을 말해 보세요.

큰 글자 **I**는 '대문자 **아이**'예요. 작은 글자 **i**는 '소문자 **아이**'예요.

● 시작점과 순서에 주의해서 대문자 I와 소문자 i를 써 보세요.

다음 문장을 듣고, 따라 읽으며 대문자 I와 소문자 i에 동그라미 하세요.

I wish you were a fish in my dish.

049

난 네가 나의 접시(dish) 안(in) 물고기(fish)였으면 좋겠다(wish).

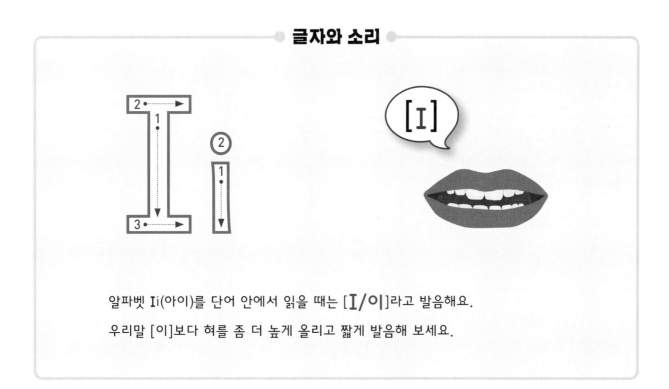

알파벳 Ii(아이)를 단어 안에서 읽을 때는 [I/이]라고 발음해요.

우리말 [이]보다 혀를 좀 더 높게 올리고 짧게 발음해 보세요.

🌐 입 모양에 주의하며 챈트를 따라 해 보세요.

050

I is for ink.
잉크

I is for ill.
아픈

I is for pig.
돼지

I is for bin.
쓰레기통

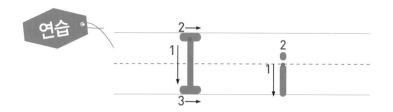

연습

A 따라 읽고 빈칸에 i를 써 보세요.

inch ·······▶ nch
인치 [ɪ/이]

itch ·······▶ tch
가렵다 [ɪ/이]

dip ·······▶ d p
소스, 찍다 [ɪ/이]

wig ·······▶ w g
가발 [ɪ/이]

pin ·······▶ p n
핀 [ɪ/이]

sit ·······▶ s t
앉다 [ɪ/이]

❶ 소문자 카드를 이용해서 위의 단어를 직접 만들어 보세요.
❷ 대문자 카드를 이용해서 위의 단어를 직접 만들어 보세요.

B 듣고 빈칸에 i를 써 보세요. 가로, 세로 순서로 들으세요.

052

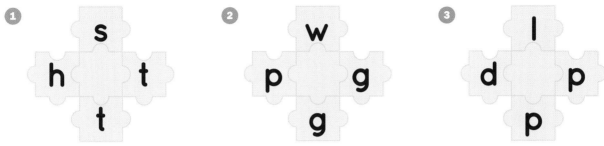

① s / h t / t

② w / p g / g

③ l / d p / p

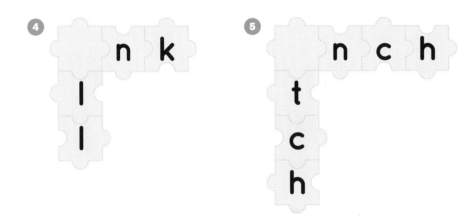

④ n k / l / l

⑤ n c h / t / c / h

C 잘 들고 두 단어 중 i[I/이] 소리가 나는 단어의 빈칸에 동그라미 하세요.

053

① ⓐ s ☐ t ⓑ s ☐ t   ② ⓐ p ☐ g ⓑ p ☐ g

③ ⓐ b ☐ n ⓑ b ☐ n   ④ ⓐ h ☐ t ⓑ h ☐ t

⑤ ⓐ p ☐ n ⓑ p ☐ n   ⑥ ⓐ d ☐ sh ⓑ d ☐ sh

g [g] h [h] i [ɪ]

A 잘 듣고, 들은 단어에 동그라미 하세요.

054

1

ⓐ sit   ⓑ gold

2

ⓐ glue   ⓑ hand

3

ⓐ gift   ⓑ home

4

ⓐ hair   ⓑ pin

5

ⓐ goat   ⓑ hug

6
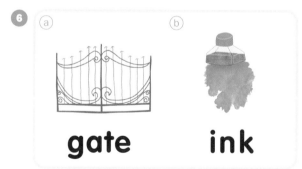
ⓐ gate   ⓑ ink

B 잘 듣고, 세 단어에 모두 들어가는 소리에 동그라미 하세요.

1

ll   nk   nch

g[g/ㄱ] i[ɪ/이]

2

ip   op   at

i[ɪ/이] h[h/ㅎ]

3

ate   ood   ame

g[g/ㄱ] h[h/ㅎ]

4

ood   eel   ole

i[ɪ/이] h[h/ㅎ]

5

p g   d p   s t

g[g/ㄱ] i[ɪ/이]

056

g   h   i

1
old

2
ole

3
d   p

4
bu

5
tch

6
ate

D 잘 듣고, 서로 다른 소리가 나는 부분에 동그라미 하세요.

057

①

Ben
벤(남자아이 이름)

bin
쓰레기통

②

hood
두건, 모자

good
좋은

③

hold
잡다

gold
금

④

hip
엉덩이

hop
깡충 뛰다

J j

● 글자와 이름 ●

J j   J j   J j

이 글자의 이름은 '**줴**이'라고 해요. 손으로 글자를 짚으면서 이름을 말해 보세요.

큰 글자 **J**는 '대문자 **줴**이'예요. 작은 글자 **j**는 '소문자 **줴**이'예요.

● 시작점과 순서에 주의해서 대문자 J와 소문자 j를 써 보세요.

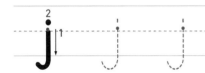

다음 문장을 듣고, 따라 읽으며 대문자 J와 소문자 j에 동그라미 하세요.

Jack was just joking in the jeep.

058

잭은(Jack) 지프차(jeep) 안에서 그냥(just) 농담을 하고 있었어요(was joking).

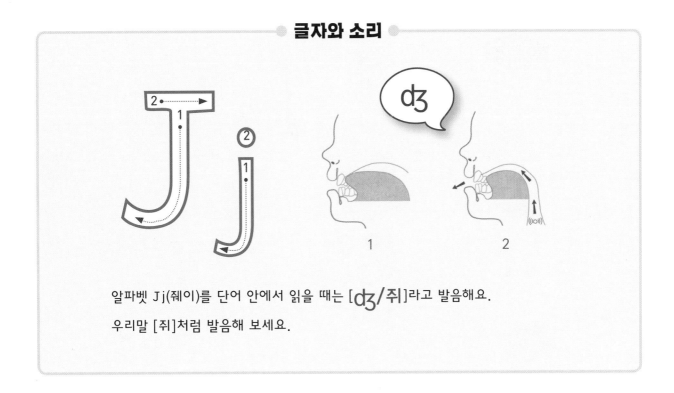

알파벳 Jj(줴이)를 단어 안에서 읽을 때는 [ʤ/쥐]라고 발음해요.

우리말 [쥐]처럼 발음해 보세요.

● 입 모양에 주의하며 챈트를 따라 해 보세요.

059

J is for jam.
잼

J is for jaw.
턱

J is for jet.
제트기

J is for jelly.
젤리

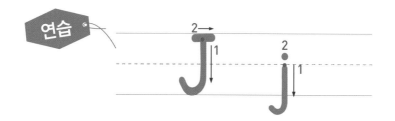

A 따라 읽고 빈칸에 j를 써 보세요.

060

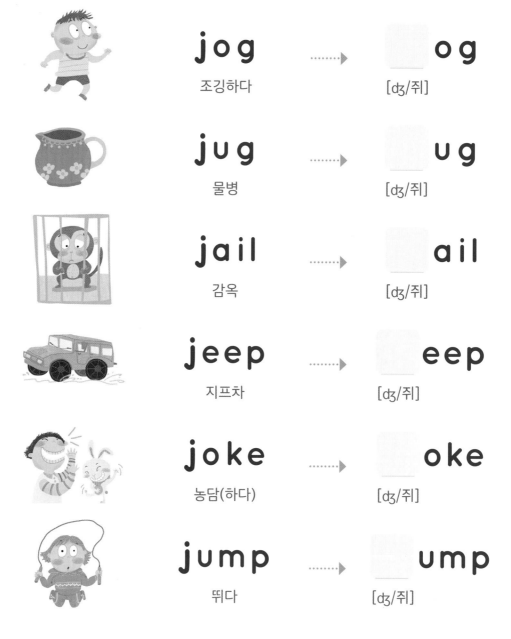

jog ·······▶ og
조깅하다 [ʤ/쥐]

jug ·······▶ ug
물병 [ʤ/쥐]

jail ·······▶ ail
감옥 [ʤ/쥐]

jeep ·······▶ eep
지프차 [ʤ/쥐]

joke ·······▶ oke
농담(하다) [ʤ/쥐]

jump ·······▶ ump
뛰다 [ʤ/쥐]

❶ 소문자 카드를 이용해서 위의 단어를 직접 만들어 보세요.
❷ 대문자 카드를 이용해서 위의 단어를 직접 만들어 보세요.

B 듣고 빈칸에 j를 써 보세요. 가로, 세로 순서로 들으세요.

1
o b
o
g

2
u g
a
w

3
o y
a
r

4
e t
a
m

5
e e p
u
m
p

C 잘 듣고 두 단어 중 j[dʒ/쥐] 소리가 나는 단어의 빈칸에 동그라미 하세요.

1 ⓐ am ⓑ am   **2** ⓐ eep ⓑ eep

3 ⓐ ump ⓑ ump   **4** ⓐ oke ⓑ oke

5 ⓐ ug ⓑ ug   **6** ⓐ ail ⓑ ail

K k

글자와 이름

Kk Kk **Kk**

이 글자의 이름은 '케이'라고 해요. 손으로 글자를 짚으면서 이름을 말해 보세요.

큰 글자 K는 '대문자 케이'예요. 작은 글자 k는 '소문자 케이'예요.

● 시작점과 순서에 주의해서 대문자 K와 소문자 k를 써 보세요.

K K K

k k k

다음 문장을 듣고, 따라 읽으며 대문자 K와 소문자 k에 동그라미 하세요.

Kate kicked Ken's old bike.

케이트(Kate)는 켄(Ken)의 낡은(old) 자전거(bike)를 발로 찼어요(kicked).

063

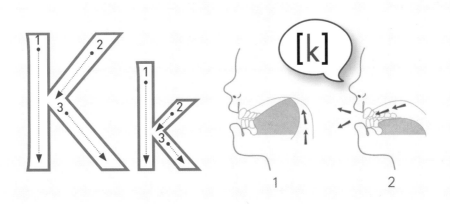

알파벳 K k(케이)를 단어 안에서 읽을 때는 [k/ㅋ]라고 발음해요.

알파벳 K k와 C c는 같은 소리가 나요. c와 k가 동시에 같이 나올 때는 한 번만 소리 나요.

혀뿌리를 입천장에 대었다가 떼면서 우리말 [ㅋ]처럼 발음해 보세요.

● 입 모양에 주의하며 챈트를 따라 해 보세요.

064

K is for king.

왕

K is for kite.

연

K is for sky.

하늘

K is for duck.

오리

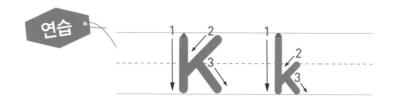

연습

A 따라 읽고 빈칸에 k를 써 보세요.

key
열쇠
⟶ ＿ey
[k/ㅋ]

look
보다
⟶ loo＿
[k/ㅋ]

kid
아이
⟶ ＿id
[k/ㅋ]

kick
차다
⟶ ＿ic＿
[k/ㅋ]　[k/ㅋ]

c, k가 같이 쓰이면 한 소리만 나요.

bike
자전거
⟶ bi＿e
[k/ㅋ]

drink
마시다
⟶ drin＿
[k/ㅋ]

❶ 소문자 카드를 이용해서 위의 단어를 직접 만들어 보세요.
❷ 대문자 카드를 이용해서 위의 단어를 직접 만들어 보세요.

B 듣고 빈칸에 k를 써 보세요. 가로, 세로 순서로 들으세요.

① d u c ___ s / y

② ___ i n g / s i t e

③ b o o ___ / l o o ___

④ ___ i s s / e y

⑤ d r i n ___ / ___ i d

C 잘 듣고 두 단어 중 k[k/ㅋ] 소리가 나는 단어의 빈칸에 동그라미 하세요.

067

① ⓐ ___ id   ⓑ ___ id

② ⓐ ___ iss   ⓑ ___ iss

③ ⓐ s ___ y   ⓑ s ___ y

④ ⓐ ___ ite   ⓑ ___ ite

⑤ ⓐ ___ ing   ⓑ ___ ing

⑥ ⓐ ___ ick   ⓑ ___ ick

L l

글자와 이름

 L l L l

이 글자의 이름은 '**엘**'이라고 해요. 손으로 글자를 짚으면서 이름을 말해 보세요.

큰 글자 **L**은 '**대문자 엘**'이에요. 작은 글자 **l**은 '**소문자 엘**'이에요.

● 시작점과 순서에 주의해서 대문자 L과 소문자 l을 써 보세요.

다음 문장을 듣고, 따라 읽으며 대문자 L과 소문자 l에 동그라미 하세요.

Lisa likes lemon lollipops.

리사(Lisa)는 레몬(lemon) 맛 막대사탕(lollipops)을 좋아해요(likes).

068

글자와 소리

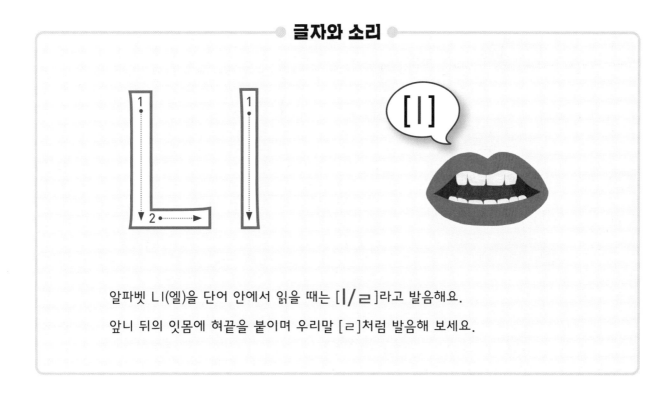

[l]

알파벳 Ll(엘)을 단어 안에서 읽을 때는 [l / ㄹ]라고 발음해요.
앞니 뒤의 잇몸에 혀끝을 붙이며 우리말 [ㄹ]처럼 발음해 보세요.

● 입 모양에 주의하며 챈트를 따라 해 보세요.

069

L is for lip.

입술

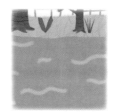

L is for lake.

호수

L is for lock.

자물쇠

L is for love.

사랑

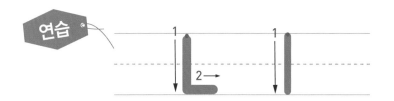

070

A 따라 읽고 빈칸에 l을 써 보세요.

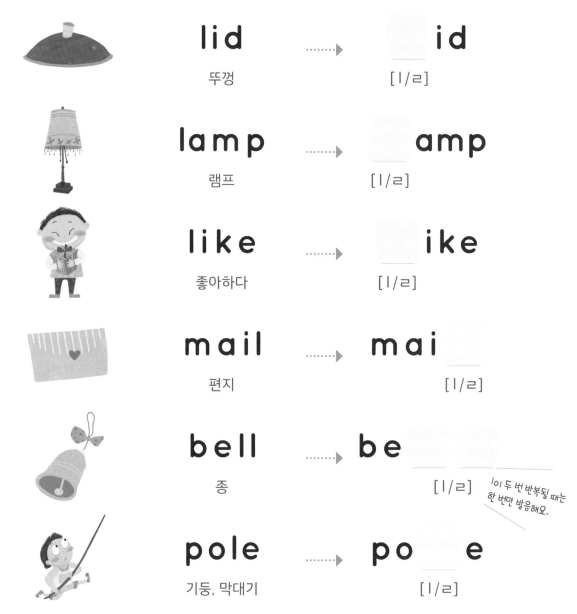

lid ......▶ _id
뚜껑   [l/ㄹ]

lamp ......▶ _amp
램프   [l/ㄹ]

like ......▶ _ike
좋아하다   [l/ㄹ]

mail ......▶ mai_
편지   [l/ㄹ]

bell ......▶ be__
종   [l/ㄹ]

l이 두 번 반복될 때는 한 번만 발음해요.

pole ......▶ po_e
기둥, 막대기   [l/ㄹ]

❶ 소문자 카드를 이용해서 위의 단어를 직접 만들어 보세요.
❷ 대문자 카드를 이용해서 위의 단어를 직접 만들어 보세요.

B 듣고 빈칸에 l을 써 보세요. 가로, 세로 순서로 들으세요.

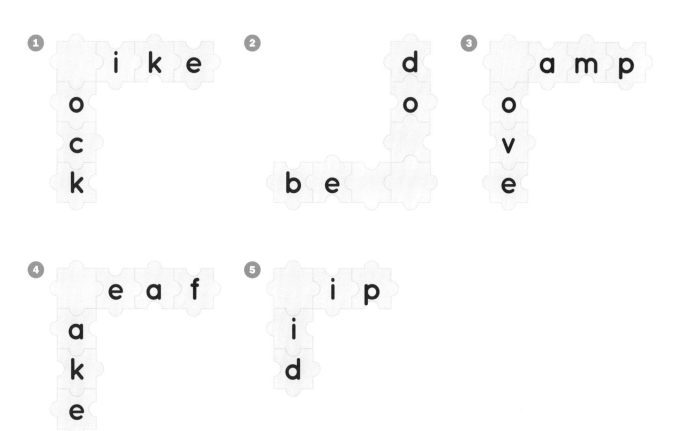

C 잘 듣고 두 단어 중 l[l/ㄹ] 소리가 나는 단어의 빈칸에 동그라미 하세요.

072

① ⓐ [　] ike ⓑ [　] ike   ② ⓐ [　] id ⓑ [　] id

③ ⓐ [　] ake ⓑ [　] ake   ④ ⓐ [　] amp ⓑ [　] amp

⑤ ⓐ [　] ove ⓑ [　] ove   ⑥ ⓐ [　] ock ⓑ [　] ock

Review

A 잘 듣고, 들은 단어에 동그라미 하세요.

073

1
ⓐ ⓑ

jet lamp

2
ⓐ ⓑ

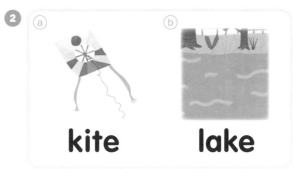

kite lake

3
ⓐ ⓑ

kick jug

4
ⓐ ⓑ

jail lock

5
ⓐ ⓑ

lip king

6
ⓐ ⓑ

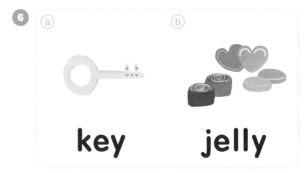

key jelly

B 잘 듣고, 세 단어에 모두 들어가는 소리에 동그라미 하세요.

074

1   ☐ ey   ☐ ing   ☐ ite   **j** [ʤ/쥐]   **k** [k/ㅋ]

2   ☐ id   ☐ ike   ☐ ake   **l** [l/ㄹ]   **j** [ʤ/쥐]

3   duc ☐   drin ☐   loo ☐   **j** [ʤ/쥐]   **k** [k/ㅋ]

4   ☐ eep   ☐ oke   ☐ ump   **l** [l/ㄹ]   **j** [ʤ/쥐]

5   ☐ et   ☐ am   ☐ ug   **j** [ʤ/쥐]   **k** [k/ㅋ]

1 ___ove

2 ___aw

3 s___y

4 ___ump

5 ___id

6 ___ing

D 잘 듣고, 서로 다른 소리가 나는 부분에 동그라미 하세요.

1

kid
아이

lid
뚜껑

2

jog
조깅하다

log
통나무

3

jam
잼

lamb
양

4

cake
케이크

lake
호수

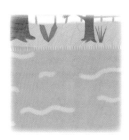

check check

● 손가락으로 글자를 짚으면서 아래의 지시에 따라 해 보세요.

❶ 각 글자의 이름을 말해 보세요.

❷ 각 글자의 발음을 말해 보세요.

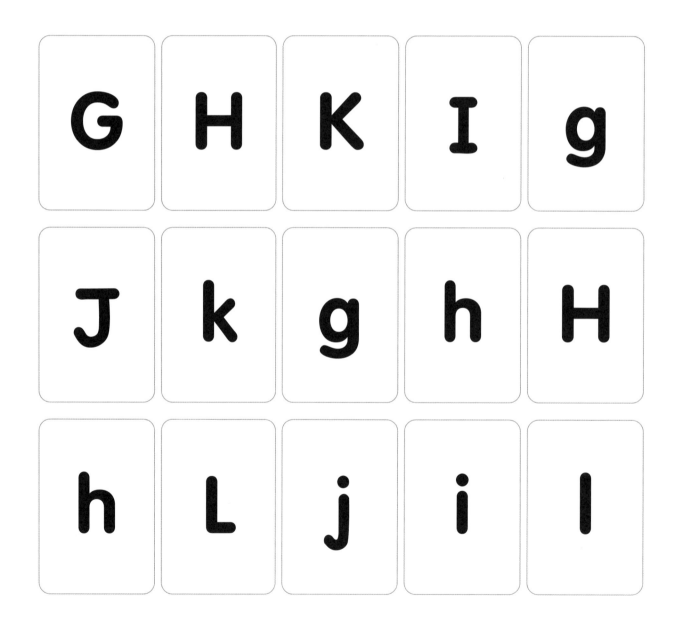

G	H	K	I	g
J	k	g	h	H
h	L	j	i	l

PART 3

Mm~Rr

각 알파벳에 해당하는 카드를 찾아 아래 표와 같은 순서로 놓아 보세요.

M 엠	**m** 엠	**N** 엔	**n** 엔
O 오우	**o** 오우	**P** 피이	**p** 피이
Q 큐	**q** 큐	**R** 알	**r** 알

각 알파벳의 이름을
큰 소리로 읽어 보세요.

M m

글자와 이름

이 글자의 이름은 '엠'이라고 해요. 손으로 글자를 짚으면서 이름을 말해 보세요.

큰 글자 **M**은 '대문자 엠'이에요. 작은 글자 **m**은 '소문자 엠'이에요.

● 시작점과 순서에 주의해서 대문자 M과 소문자 m을 써 보세요.

다음 문장을 듣고, 따라 읽으며 대문자 M과 소문자 m에 동그라미 하세요.

Mix, Miss Mix!
Mash my potatoes with mushrooms.

믹스 양(Miss Mix), 섞어줘요(Mix)!
내(my) 감자(potatoes)를 버섯(mushrooms)이랑 으깨줘요(Mash).

077

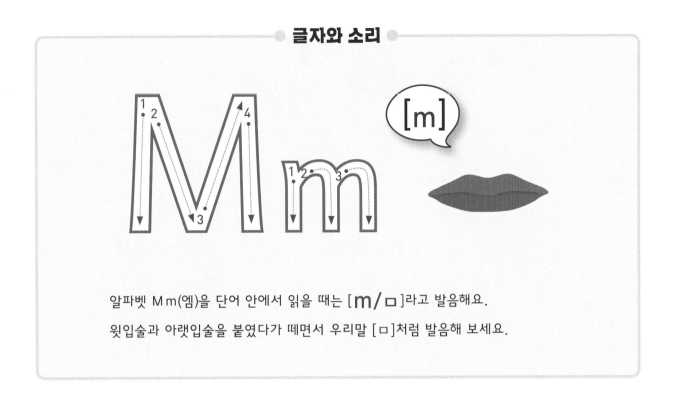

알파벳 Mm(엠)을 단어 안에서 읽을 때는 [m/ㅁ]라고 발음해요.
윗입술과 아랫입술을 붙였다가 떼면서 우리말 [ㅁ]처럼 발음해 보세요.

🌏 입 모양에 주의하며 챈트를 따라 해 보세요.

078

M is for mat.

매트

M is for mask.

가면

M is for meet.

만나다

M is for milk.

우유

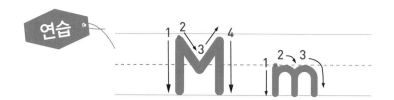

A 따라 읽고 빈칸에 m을 써 보세요.

079

map
지도 → ⬚ap
[m/ㅁ]

mix
섞다 → ⬚ix
[m/ㅁ]

moon
달 → ⬚oon
[m/ㅁ]

drum
드럼, 북 → dru⬚
[m/ㅁ]

lamb
양 → la⬚b
[m/ㅁ]

m 뒤에서 b는 소리가 나지 않아요.

time
시간 → ti⬚e
[m/ㅁ]

❶ 소문자 카드를 이용해서 위의 단어를 직접 만들어 보세요.
❷ 대문자 카드를 이용해서 위의 단어를 직접 만들어 보세요.

B 듣고 빈칸에 m을 써 보세요. 가로, 세로 순서로 들으세요.

080

① i l k
i
x

② a t
a
p

③ l
a
c o b b
b

④ o o n
a
s
k

⑤ g
a
t i e
g
e

C 잘 듣고 두 단어 중 m[m/ㅁ] 소리가 나는 단어의 빈칸에 동그라미 하세요.

081

① ⓐ ix ⓑ ix ② ⓐ eet ⓑ eet

③ ⓐ ap ⓑ ap ④ ⓐ ask ⓑ ask

⑤ ⓐ ail ⓑ ail ⑥ ⓐ at ⓑ at

N n

글자와 이름

Nn Nn **Nn**

이 글자의 이름은 '**엔**'이라고 해요. 손으로 글자를 짚으면서 이름을 말해 보세요.

큰 글자 **N**은 '대문자 **엔**'이에요. 작은 글자 **n**은 '소문자 **엔**'이에요.

● 시작점과 순서에 주의해서 대문자 N과 소문자 n을 써 보세요.

다음 문장을 듣고, 따라 읽으며 대문자 N과 소문자 n에 동그라미 하세요.

Nine nuts in a nice nest.

082

멋진(nice) 둥지(nest) 안(in) 9개의 견과들(nuts).

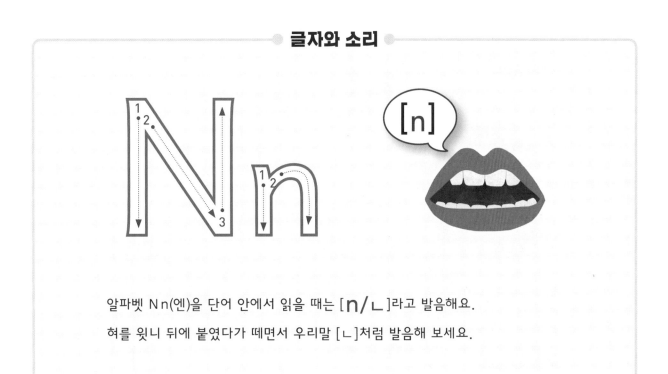

알파벳 N n (엔)을 단어 안에서 읽을 때는 [n/ㄴ]라고 발음해요.

혀를 윗니 뒤에 붙였다가 떼면서 우리말 [ㄴ]처럼 발음해 보세요.

● 입 모양에 주의하며 챈트를 따라 해 보세요.

083

N is for new.
새로운

N is for nut.
견과

N is for bun.
번

N is for nose.
코

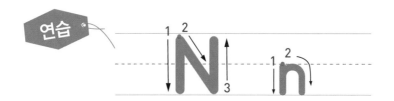

A 따라 읽고 빈칸에 n을 써 보세요.

nail 못	⟶	ail [n/ㄴ]
nest 둥지	⟶	est [n/ㄴ]
nine 아홉, 9	⟶	i e [n/ㄴ] [n/ㄴ]
run 달리다	⟶	ru [n/ㄴ]
down 아래로	⟶	dow [n/ㄴ]
horn 뿔	⟶	hor [n/ㄴ]

❶ 소문자 카드를 이용해서 위의 단어를 직접 만들어 보세요.
❷ 대문자 카드를 이용해서 위의 단어를 직접 만들어 보세요.

B 듣고 빈칸에 n을 써 보세요. 가로, 세로 순서로 들으세요.

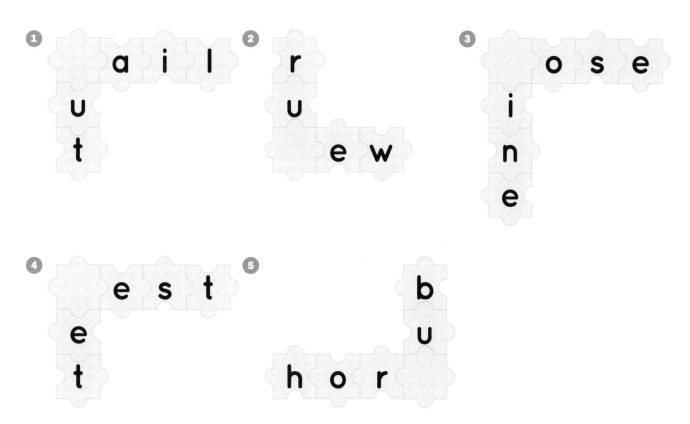

1 a i l
u
t

2 r
u
e w

3 o s e
i
n
e

4 e s t
e
t

5 b
u
h o r

C 잘 듣고 두 단어 중 n[n/ㄴ] 소리가 나는 단어의 빈칸에 동그라미 하세요.

086

1 ⓐ ail ⓑ ail

2 ⓐ ose ⓑ ose

3 ⓐ ut ⓑ ut

4 ⓐ est ⓑ est

5 ⓐ ine ⓑ ine

6 ⓐ ew ⓑ ew

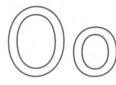

● 글자와 이름 ●

이 글자의 이름은 '**오우**'라고 해요. 손으로 글자를 짚으면서 이름을 말해 보세요.

큰 글자 **O**는 '**대문자 오우**'예요. 작은 글자 **o**는 '**소문자 오우**'예요.

● 시작점과 순서에 주의해서 대문자 O와 소문자 o를 써 보세요.

다음 문장을 듣고, 따라 읽으며 대문자 O와 소문자 o에 동그라미 하세요.

Olive otter on the rock nods.

바위(rock) 위(on)의 수달(otter) 올리브(Olive)가 고개를 끄덕여요(nods).

087

글자와 소리

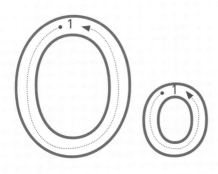 

알파벳 O o(오우)를 단어 안에서 읽을 때는 [ɑ/아]라고 발음해요.

알파벳 O o는 여러 가지로 소리가 나지만 [ɑ/아]가 대표적인 소리랍니다.

우리말 [아]보다 입을 더 크게 벌리고 입 안쪽에서 약간 짧게 발음해요.

🌀 입 모양에 주의하며 챈트를 따라 해 보세요.

088

O is for ox.

황소

O is for otter.

수달

O is for clock.

시계

O is for top.

팽이, 맨 위

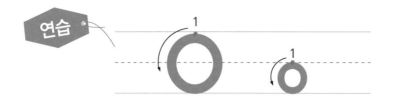

연습

A 따라 읽고 빈칸에 o를 써 보세요.

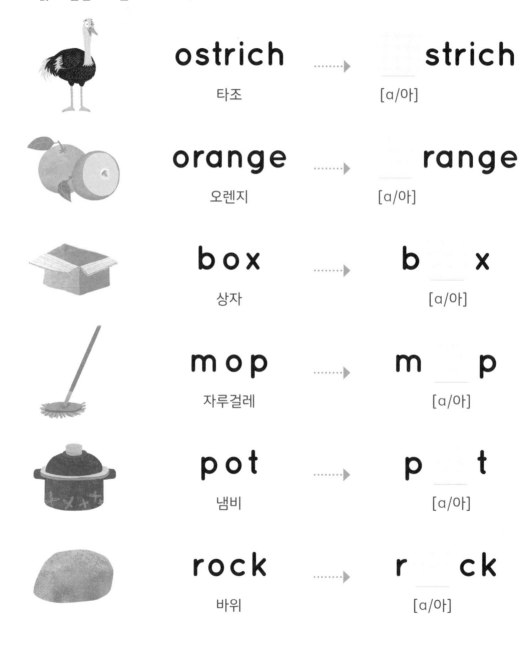

ostrich		strich
타조		[ɑ/아]
orange		range
오렌지		[ɑ/아]
box		b x
상자		[ɑ/아]
mop		m p
자루걸레		[ɑ/아]
pot		p t
냄비		[ɑ/아]
rock		r ck
바위		[ɑ/아]

❶ 소문자 카드를 이용해서 위의 단어를 직접 만들어 보세요. b o x
❷ 대문자 카드를 이용해서 위의 단어를 직접 만들어 보세요. B O X

B 듣고 빈칸에 o를 써 보세요. 가로, 세로 순서로 들으세요.

090

1 c □ p
x

2 m
s t p
p

3 t
p t
p

4 f
b x
x

5 h
c l c k
p

C 잘 듣고 두 단어 중 o[ɑ/아] 소리가 나는 단어의 빈칸에 동그라미 하세요.

091

1 ⓐ f □ x ⓑ f □ x

2 ⓐ m □ p ⓑ m □ p

3 ⓐ p □ t ⓑ p □ t

4 ⓐ p □ p ⓑ p □ p

5 ⓐ t □ p ⓑ t □ p

6 ⓐ r □ ck ⓑ r □ ck

Review

m [m]　　n [n]　　o [ɑ]

A 잘 듣고, 들은 단어에 동그라미 하세요.

092

①
ⓐ　　　　ⓑ

clock　　map

②
ⓐ　　　　ⓑ

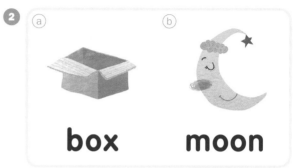

box　　moon

③
ⓐ　　　　ⓑ

otter　　nine

④
ⓐ　　　　ⓑ

pot　　down

⑤
ⓐ　　　　ⓑ

nut　　mask

⑥
ⓐ　　　　ⓑ

milk　　nest

B 잘 듣고, 세 단어에 모두 들어가는 소리에 동그라미 하세요.

093

1   __eet   __ilk   __oon   **o** [ɑ/아]   **m** [m/ㅁ]

2   __ine   __est   __ail   **n** [n/ㄴ]   **m** [m/ㅁ]

3   __x   __range   __ctopus   **o** [ɑ/아]   **n** [n/ㄴ]

4   m__p   t__p   r__ck   **o** [ɑ/아]   **m** [m/ㅁ]

5   dru__   ti__e   la__b   **n** [n/ㄴ]   **m** [m/ㅁ]

m n o

① p   t

② bu

③ ti   e

④   eet

⑤ hor

⑥ r   ck

D 잘 듣고, 서로 다른 소리가 나는 부분에 동그라미 하세요.

1

map
지도

nap
낮잠

2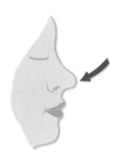

nose
코

rose
장미

3

top
팽이, 맨 위

tip
(뾰족한) 끝, 팁

4

nail
못

mail
편지

Pp

글자와 이름

Pp   Pp   Pp

이 글자의 이름은 '**피**이'라고 해요. 손으로 글자를 짚으면서 이름을 말해 보세요.

큰 글자 **P**는 '대문자 **피**이'예요. 작은 글자 **p**는 '소문자 **피**이'예요.

🌐 시작점과 순서에 주의해서 대문자 P와 소문자 p를 써 보세요.

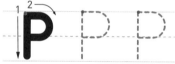

다음 문장을 듣고, 따라 읽으며 대문자 P와 소문자 p에 동그라미 하세요.

Pass me the pink pot, please.

저에게 분홍색(pink) 냄비(pot)를 건네(pass) 주세요(please).

096

알파벳 P p(피이)를 단어 안에서 읽을 때는 [p/ㅍ]라고 발음해요.

앞서 배운 F f(에프)도 비슷하게 [f/ㅍ] 소리가 나지만 [p/ㅍ]와는 다른 소리이고, 입술 모양도

달라요. P p(피이)는 윗입술과 아랫입술을 딱 붙였다가 떼면서 터지는 소리처럼 발음해 보세요.

● 입 모양에 주의하며 챈트를 따라 해 보세요.

097

P is for pie.
파이

P is for pool.
풀장

P is for push.
밀다

P is for cap.
캡 모자

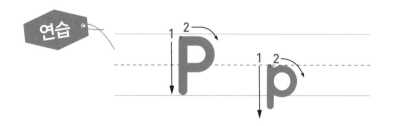

098

A 따라 읽고 빈칸에 p를 써 보세요.

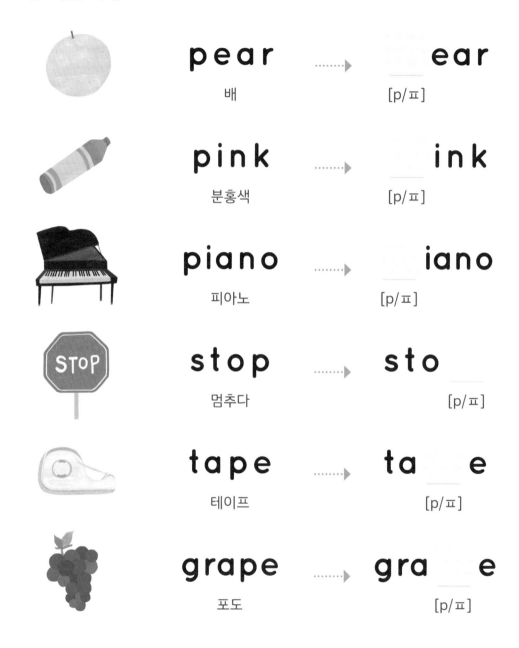

pear	⟶	⬚ear
배		[p/ㅍ]
pink	⟶	⬚ink
분홍색		[p/ㅍ]
piano	⟶	⬚iano
피아노		[p/ㅍ]
stop	⟶	sto⬚
멈추다		[p/ㅍ]
tape	⟶	ta⬚e
테이프		[p/ㅍ]
grape	⟶	gra⬚e
포도		[p/ㅍ]

❶ 소문자 카드를 이용해서 위의 단어를 직접 만들어 보세요.
❷ 대문자 카드를 이용해서 위의 단어를 직접 만들어 보세요.

① u s h
i
n
k

② s t o
o
t

③ o o l
e
a
r

④ i e
i
a
n
o

⑤ t
a
g r a e
e

C 잘 듣고 두 단어 중 p[p/ㅍ] 소리가 나는 단어의 빈칸에 동그라미 하세요.

① ⓐ ink ⓑ ink   ② ⓐ ush ⓑ ush

③ ⓐ ool ⓑ ool   ④ ⓐ ear ⓑ ear

⑤ ⓐ ie ⓑ ie   ⑥ ⓐ ta e ⓑ ta e

Q q

글자와 이름

이 글자의 이름은 '**큐**우'라고 해요. 손으로 글자를 짚으면서 이름을 말해 보세요.

큰 글자 **Q**는 '대문자 **큐**우'예요. 작은 글자 **q**는 '소문자 **큐**우'예요.

● 시작점과 순서에 주의해서 대문자 Q와 소문자 q를 써 보세요.

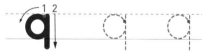

다음 문장을 듣고, 따라 읽으며 대문자 Q와 소문자 q에 동그라미 하세요.

The queen quit asking questions.

여왕(queen)은 질문들(questions)을 하는 것을 그만뒀어요(quit).

101

알파벳 Q q(큐우)가 단어 안에서 쓰일 때는 항상 u가 따라다녀요. 따라서 두 발음을 합쳐서 [kw/쿠]라고 발음해요. 입을 둥글게 만들어 우리말 [쿠]처럼 발음해 보세요. 예를 들어 '여왕'을 뜻하는 queen은 [퀸]이 아니라 [쿠-인]처럼 발음해요.

● 입 모양에 주의하며 챈트를 따라 해 보세요.

102

Q is for queen.

여왕

Q is for question.

질문

Q is for quail.

메추라기

Q is for quack.

꽥꽥 우는 소리

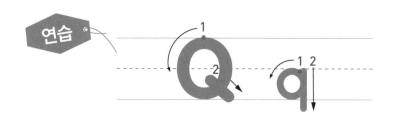

A 따라 읽고 빈칸에 q를 써 보세요.

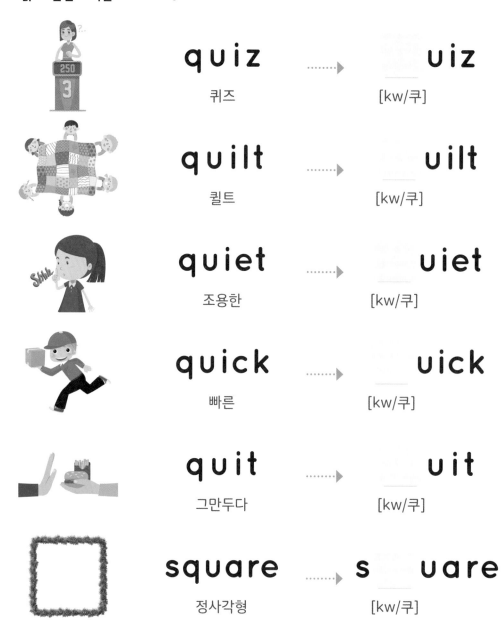

quiz	......▶	＿uiz
퀴즈		[kw/쿠]

quilt	......▶	＿uilt
퀼트		[kw/쿠]

quiet	......▶	＿uiet
조용한		[kw/쿠]

quick	......▶	＿uick
빠른		[kw/쿠]

quit	......▶	＿uit
그만두다		[kw/쿠]

square	......▶	s＿uare
정사각형		[kw/쿠]

❶ 소문자 카드를 이용해서 위의 단어를 직접 만들어 보세요.
❷ 대문자 카드를 이용해서 위의 단어를 직접 만들어 보세요.

B 듣고 빈칸에 q를 써 보세요. 가로, 세로 순서로 들으세요.

①

②

③

④

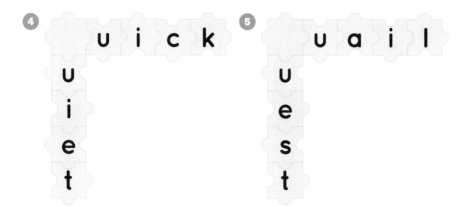

⑤

C 잘 듣고 두 단어 중 qu[kw/쿠] 소리가 나는 단어의 빈칸에 동그라미 하세요.

105

① ⓐ ail   ⓑ ail

② ⓐ ick   ⓑ ick

③ ⓐ een   ⓑ een

④ ⓐ est   ⓑ est

⑤ ⓐ it   ⓑ it

⑥ ⓐ ack   ⓑ ack

R r

글자와 이름

Rr   Rr   **Rr**

이 글자의 이름은 '**알**'이라고 해요. 손으로 글자를 짚으면서 이름을 말해 보세요.

큰 글자 **R**은 '**대문자 알**'이에요. 작은 글자 r은 '**소문자 알**'이에요.

● 시작점과 순서에 주의해서 대문자 R과 소문자 r을 써 보세요.

다음 문장을 듣고, 따라 읽으며 대문자 R과 소문자 r에 동그라미 하세요.

Red roses on the red roof.

붉은(red) 지붕(roof) 위의 붉은(red) 장미들(roses).

글자와 소리

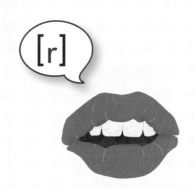

알파벳 Rr(알)을 단어 안에서 읽을 때는 [r/ㄹ]라고 발음해요.

혀를 입천장에 닿지 않도록 들어 올리고 목구멍 쪽으로 당겨 우리말 [ㄹ]처럼 발음해 보세요.

⬤ 입 모양에 주의하며 챈트를 따라 해 보세요.

R is for rain.

비

R is for read.

읽다

R is for rice.

밥

R is for car.

차

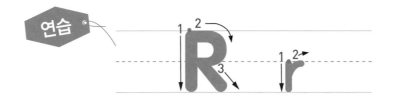

108

A 따라 읽고 빈칸에 r을 써 보세요.

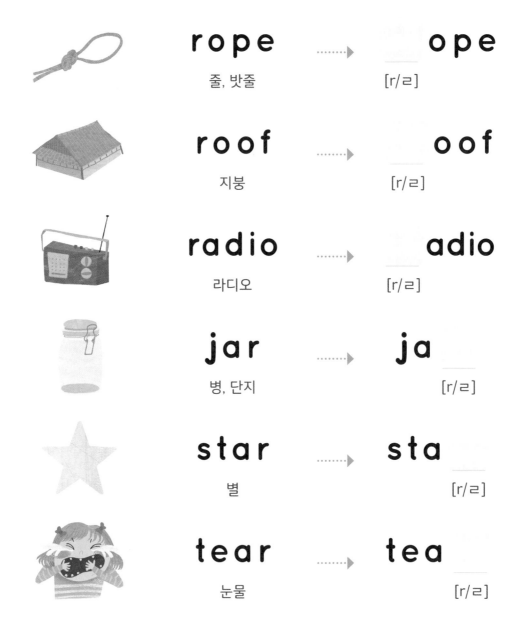

	rope ……▶ ope
	줄, 밧줄 [r/ㄹ]

roof ……▶ oof
지붕 [r/ㄹ]

radio ……▶ adio
라디오 [r/ㄹ]

jar ……▶ ja
병, 단지 [r/ㄹ]

star ……▶ sta
별 [r/ㄹ]

tear ……▶ tea
눈물 [r/ㄹ]

❶ 소문자 카드를 이용해서 위의 단어를 직접 만들어 보세요.
❷ 대문자 카드를 이용해서 위의 단어를 직접 만들어 보세요.

B 듣고 빈칸에 r을 써 보세요. 가로, 세로 순서로 들으세요.

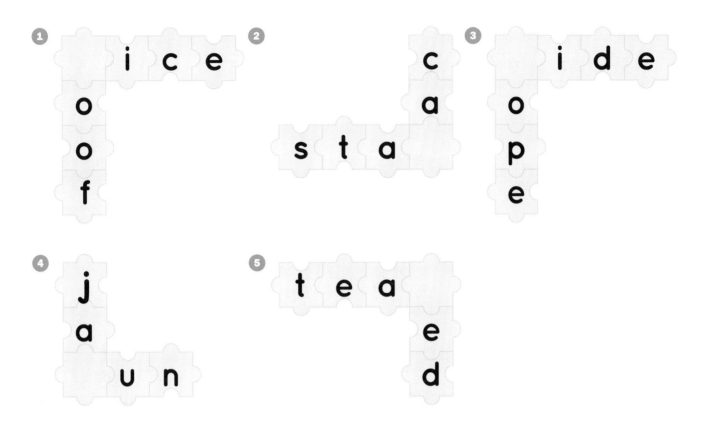

1 i c e / o o f

2 c a / s t a

3 i d e / o p e

4 j / a / a u n

5 t e a / e / d

C 잘 듣고 두 단어 중 r[r/ㄹ] 소리가 나는 단어의 빈칸에 동그라미 하세요.

1 ⓐ ice ⓑ ice

2 ⓐ oof ⓑ oof

3 ⓐ ain ⓑ ain

4 ⓐ ug ⓑ ug

5 ⓐ ose ⓑ ose

6 ⓐ ope ⓑ ope

Review

p [p] **Q** [kw] **r** [r]

A 잘 듣고, 들은 단어에 동그라미 하세요.

111

① ⓐ ⓑ

queen   **roof**

② ⓐ ⓑ

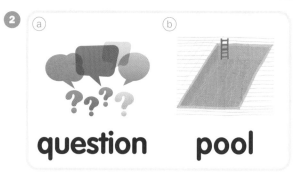

question   **pool**

③ ⓐ ⓑ

rain   **cap**

④ ⓐ ⓑ

tape   **jar**

⑤ ⓐ ⓑ

stop   **quack**

⑥ ⓐ ⓑ

grape   **star**

B 잘 듣고, 세 단어에 모두 들어가는 소리에 동그라미 하세요.

112

1
  ie   ush   ear   **n**[n/ㄴ] **p**[p/ㅍ]

2
  uiz   uit   uiet   **q**[kw/쿼] **r**[r/ㄹ]

3
  ope   adio   ice   **p**[p/ㅍ] **r**[r/ㄹ]

4
  uick   uack   uestion   **q**[kw/쿼] **p**[p/ㅍ]

5
  ead   oof   ain   **n**[n/ㄴ] **r**[r/ㄹ]

p q r

1.
ja

2.
uiz

3.
ta e

4.
uick

5.
ca

6.
tea

D 잘 듣고, 서로 다른 소리가 나는 부분에 동그라미 하세요.

①  **quail**
메추라기

rail
철로

②  **rain**
비

pain
고통

③  **sink**
가라앉다

pink
분홍색

④  **pose**
자세, 포즈

rose
장미

check check

🍩 손가락으로 글자를 짚으면서 아래의 지시에 따라 해 보세요.

❶ 각 글자의 이름을 말해 보세요.

❷ 각 글자의 발음을 말해 보세요.

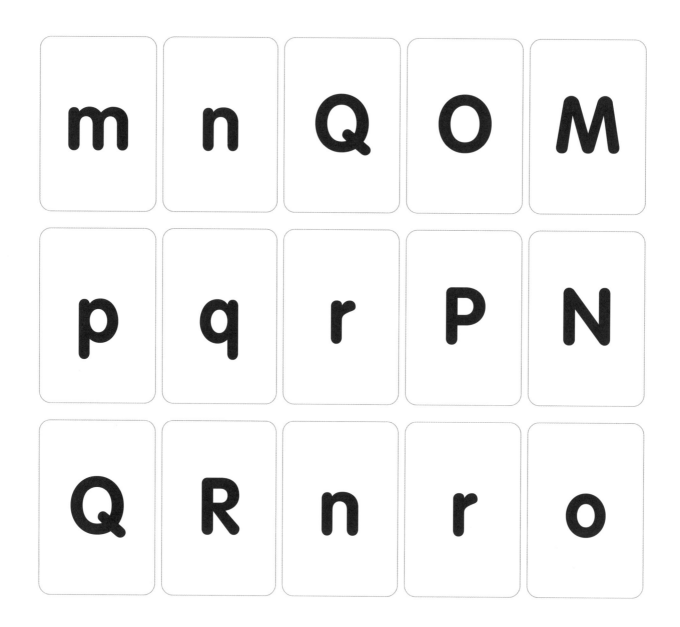

m	n	Q	O	M
p	q	r	P	N
Q	R	n	r	o

PART 4

Ss~Xx

각 알파벳에 해당하는 카드를 찾아 아래 표와 같은 순서로 놓아 보세요.

S 에스	**S** 에스	**T** 티이	**t** 티이
U 유우	**U** 유우	**V** 뷔	**v** 뷔
W 더블유	**w** 더블유	**X** 엑스	**x** 엑스

각 알파벳의 이름을
큰 소리로 읽어 보세요.

S s

글자와 이름

S s   S s   S s

이 글자의 이름은 '에스'라고 해요. 손으로 글자를 짚으면서 이름을 말해 보세요.

큰 글자 **S**는 '대문자 에스'예요. 작은 글자 **s**는 '소문자 에스'예요.

● 시작점과 순서에 주의해서 대문자 S와 소문자 s를 써 보세요.

다음 문장을 듣고, 따라 읽으며 대문자 S와 소문자 s에 동그라미 하세요.

Seven swans are swimming slowly.

115

일곱 마리의(Seven) 백조(swans)가 천천히(slowly) 헤엄치고 있어요(are swimming).

알파벳 Ss(에스)를 단어 안에서 읽을 때는 [s/ㅅ]라고 발음해요.

혀를 윗니 뒤에 붙이고 입을 옆으로 살짝 당기면서 우리말 [ㅅ]처럼 발음해 보세요.

● 입 모양에 주의하며 챈트를 따라 해 보세요.

116

S is for say.

말하다

S is for sea.

바다

S is for sick.

아픈

S is for gas.

기체, 가스

A 따라 읽고 빈칸에 s를 써 보세요.

117

seal ·······▶ __eal
물개 [s/ㅅ]

sink ·······▶ __ink
가라앉다 [s/ㅅ]

sock ·······▶ __ock
양말 한 짝 [s/ㅅ]

horse ·······▶ hor__e
말 [s/ㅅ]

mouse ·······▶ mou__e
쥐 [s/ㅅ]

grass ·······▶ gra____
풀, 잔디 [s/ㅅ]

같은 글자가 반복될 때는 한 번만 소리가 나요.

❶ 소문자 카드를 이용해서 위의 단어를 직접 만들어 보세요.
❷ 대문자 카드를 이용해서 위의 단어를 직접 만들어 보세요.

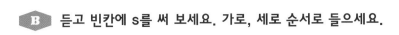

B 듣고 빈칸에 s를 써 보세요. 가로, 세로 순서로 들으세요.

118

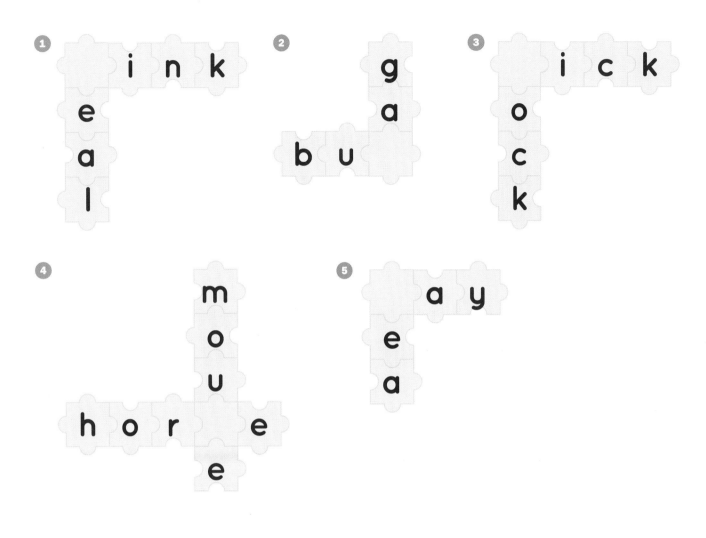

C 잘 듣고 두 단어 중 s[s/ㅅ] 소리가 나는 단어의 빈칸에 동그라미 하세요.

119

① ⓐ ▢ **ea**   ⓑ ▢ **ea**   ② ⓐ ▢ **ock**   ⓑ ▢ **ock**

③ ⓐ ▢ **ink**   ⓑ ▢ **ink**   ④ ⓐ ▢ **ick**   ⓑ ▢ **ick**

⑤ ⓐ ▢ **eal**   ⓑ ▢ **eal**   ⑥ ⓐ ▢ **low**   ⓑ ▢ **low**

T t

글자와 이름

이 글자의 이름은 '티이'라고 해요. 손으로 글자를 짚으면서 이름을 말해 보세요.

큰 글자 **T**는 '대문자 **티이**'예요. 작은 글자 **t**는 '소문자 **티이**'예요.

⬤ 시작점과 순서에 주의해서 대문자 T와 소문자 t를 써 보세요.

다음 문장을 듣고, 따라 읽으며 대문자 T와 소문자 t에 동그라미 하세요.

120

Tommy tried to tie two toy boats.

토미(Tommy)는 2개의(two) 장난감(toy) 보트(boat)를 묶으려고(tie) 노력했어요(tried).

글자와 소리

알파벳 Tt(티이)를 단어 안에서 읽을 때는 [t/ㅌ]라고 발음해요.

혀를 윗니 뒤의 잇몸에 닿게 한 후 공기를 터트리면서 우리말 [ㅌ]처럼 발음해 보세요.

● 입 모양에 주의하며 챈트를 따라 해 보세요.

121

T is for tie.

넥타이, 묶다

T is for toy.

장난감

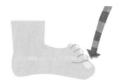

T is for toe.

발가락

T is for wet.

젖은

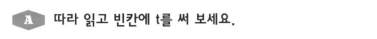

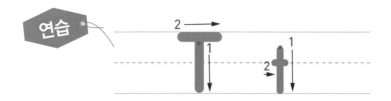

A 따라 읽고 빈칸에 t를 써 보세요.

122

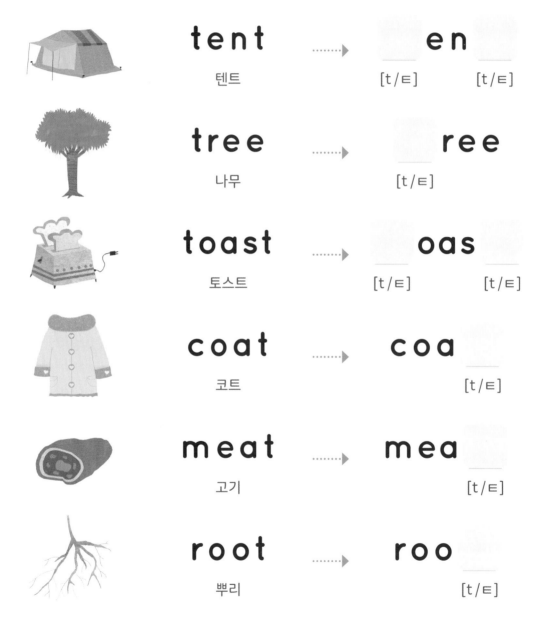 tent	........▶	en	
텐트		[t/ㅌ]	[t/ㅌ]
tree	........▶	ree	
나무		[t/ㅌ]	
toast	........▶	oas	
토스트		[t/ㅌ]	[t/ㅌ]
coat	........▶	coa	
코트			[t/ㅌ]
meat	........▶	mea	
고기			[t/ㅌ]
root	........▶	roo	
뿌리			[t/ㅌ]

❶ 소문자 카드를 이용해서 위의 단어를 직접 만들어 보세요.
❷ 대문자 카드를 이용해서 위의 단어를 직접 만들어 보세요.

B 듣고 빈칸에 t를 써 보세요. 가로, 세로 순서로 들으세요.

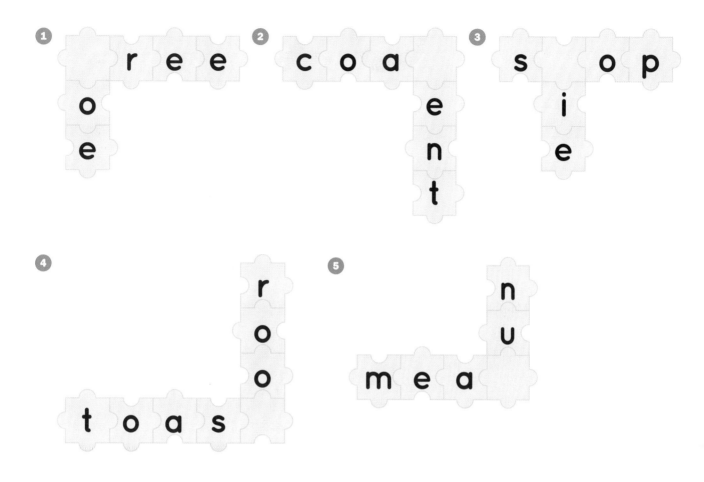

① _ree / _o_e
② c_oa_ / _en_
③ s_op / _sie
④ roo_ / _oas_
⑤ mea_ / n_u_

C 잘 듣고 두 단어 중 t[t/ㅌ] 소리가 나는 단어의 빈칸에 동그라미 하세요.

124

① ⓐ _ree   ⓑ _ree
② ⓐ _ent   ⓑ _ent
③ ⓐ _oy   ⓑ _oy
④ ⓐ _ie   ⓑ _ie
⑤ ⓐ _oast ⓑ _oast
⑥ ⓐ _ape   ⓑ _ape

U u

● **글자와 이름** ●

이 글자의 이름은 '**유우**'라고 해요. 손으로 글자를 짚으면서 이름을 말해 보세요.

큰 글자 **U**는 '대문자 **유우**'예요. 작은 글자 **u**는 '소문자 **유우**'예요.

● 시작점과 순서에 주의해서 대문자 U와 소문자 u를 써 보세요.

다음 문장을 듣고, 따라 읽으며 대문자 U와 소문자 u에 동그라미 하세요.

Your uncle under the umbrella is upset.

우산(umbrella) 아래에(under) 있는 너의 삼촌(uncle)은 화가 났어(upset).

125

124 초등 영어를 결정하는 알파벳과 소리

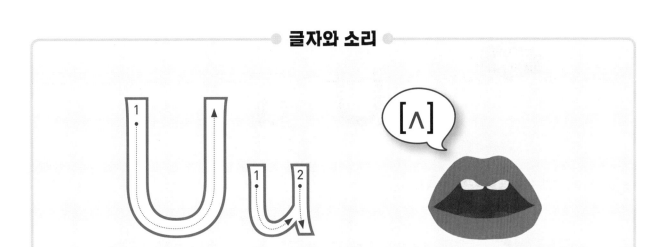

알파벳 Uu(유우)를 단어 안에서 읽을 때는 [ʌ/어]라고 발음해요.

알파벳 Uu는 여러 가지로 소리가 나지만 [ʌ/어]가 대표적인 소리랍니다.

우리말 [어]보다 혀의 위치를 좀 더 낮추어 발음해요.

● 입 모양에 주의하며 챈트를 따라 해 보세요.

126

U is for up.

위로

U is for uncle.

삼촌

U is for bus.

버스

U is for duck.

오리

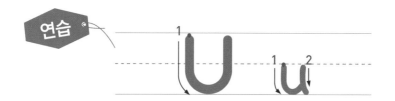

연습

A 따라 읽고 빈칸에 u를 써 보세요.

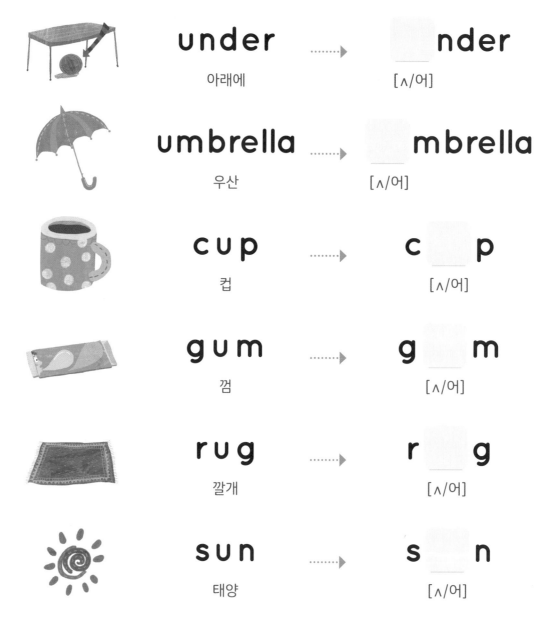

under
아래에
→ □nder
[ʌ/어]

umbrella
우산
→ □mbrella
[ʌ/어]

cup
컵
→ c□p
[ʌ/어]

gum
껌
→ g□m
[ʌ/어]

rug
깔개
→ r□g
[ʌ/어]

sun
태양
→ s□n
[ʌ/어]

❶ 소문자 카드를 이용해서 위의 단어를 직접 만들어 보세요.
❷ 대문자 카드를 이용해서 위의 단어를 직접 만들어 보세요.

B 듣고 빈칸에 u를 써 보세요. 가로, 세로 순서로 들으세요.

1
s
c _ p
n

2
g
g _ m
n

3
f
_ n d e r
n

4
b _ g
p

5
r
r _ g
n

C 잘 듣고 두 단어 중 u[ʌ/어] 소리가 나는 단어의 빈칸에 동그라미 하세요.

1 ⓐ g ▢ m   ⓑ g ▢ m

2 ⓐ s ▢ n   ⓑ s ▢ n

3 ⓐ c ▢ p   ⓑ c ▢ p

4 ⓐ r ▢ n   ⓑ r ▢ n

5 ⓐ r ▢ g   ⓑ r ▢ g

6 ⓐ d ▢ ck   ⓑ d ▢ ck

S [s]　　t [t]　　u [ʌ]

A 잘 듣고, 들은 단어에 동그라미 하세요.

130

1　ⓐ　　ⓑ

tie　　say

2　ⓐ　　ⓑ

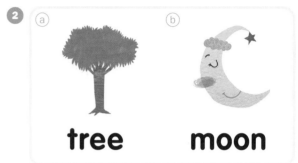

tree　　moon

3　ⓐ　　ⓑ

sink　　cup

4　ⓐ　　ⓑ

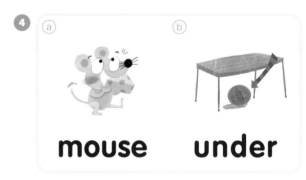

mouse　　under

5　ⓐ　　ⓑ

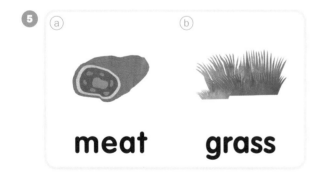

meat　　grass

6　ⓐ　　ⓑ

wet　　sun

B 잘 듣고, 세 단어에 모두 들어가는 소리에 동그라미 하세요.

131

1

| p | ncle | nder | **t**[t/ㅌ]   **U**[ʌ/어] |

2

| oy | oast | ent | **s**[s/ㅅ]   **t**[t/ㅌ] |

3

| ay | eal | ock | **s**[s/ㅅ]   **t**[t/ㅌ] |

4

| ie | oe | ree | **t**[t/ㅌ]   **U**[ʌ/어] |

5

b s   g m   s n   **U**[ʌ/어]   **s**[s/ㅅ]

C 잘 듣고, 빈칸에 빠진 글자를 쓰세요.

s t u

1

coa t

2

r u g

3

hor s e

4

u mbrella

5

u ncle

6

we t

D 잘 듣고, 서로 다른 소리가 나는 부분에 동그라미하세요.

①  **hot**
더운

hut
오두막

②  **sip**
홀짝홀짝 마시다

tip
(뾰족한) 끝, 팁
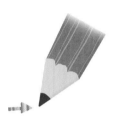

③  **test**
시험

vest
조끼

④  **sick**
아픈

tick
(시계가) 째깍거리다

● 글자와 이름 ●

이 글자의 이름은 '**뷔**'라고 해요. 손으로 글자를 짚으면서 이름을 말해 보세요.

큰 글자 **V**는 '대문자 **뷔**'예요. 작은 글자 **v**는 '소문자 **뷔**'예요.

● 시작점과 순서에 주의해서 대문자 V와 소문자 v를 써 보세요.

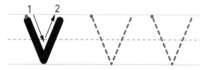

다음 문장을 듣고, 따라 읽으며 대문자 V와 소문자 v에 동그라미 하세요.

Very well, very well, very well!

정말(very) 잘 했어(well), 정말(very) 잘 했어(well), 정말(very) 잘 했어(well)!

134

글자와 소리

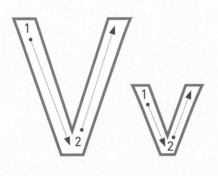

알파벳 V v(뷔)를 단어 안에서 읽을 때는 [v/ㅂ]라고 발음해요.

얼핏 보면 입술 모양이 B b(비이)의 [b/ㅂ]와 같은 것 같지만, 그보다는 F f(에프)의

[f/ㅍ]와 같아요. 아랫입술을 살짝 깨물고 성대를 울리며 발음해 보세요.

● 입 모양에 주의하며 챈트를 따라 해 보세요.

135

V is for van.

밴, 승합차

V is for vet.

수의사

V is for vest.

조끼

V is for give.

주다

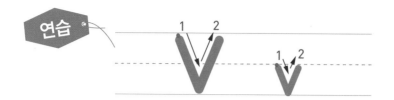

A 따라 읽고 빈칸에 v를 써 보세요.

136

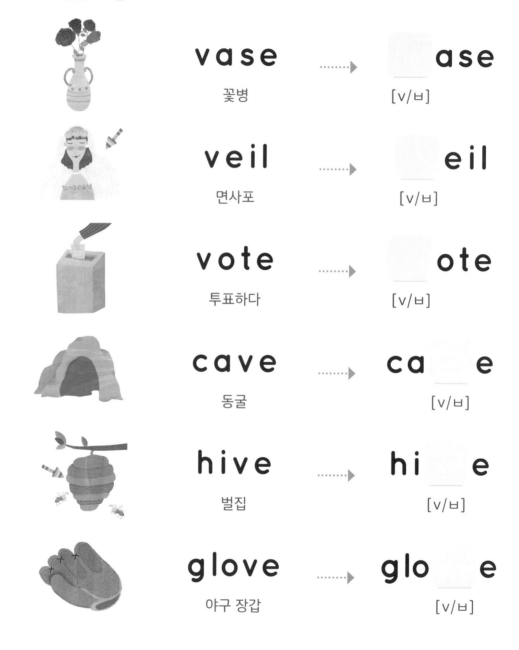

vase	⋯⋯▶	‎ase
꽃병		[v/ㅂ]
veil	⋯⋯▶	‎eil
면사포		[v/ㅂ]
vote	⋯⋯▶	‎ote
투표하다		[v/ㅂ]
cave	⋯⋯▶	ca‎e
동굴		[v/ㅂ]
hive	⋯⋯▶	hi‎e
벌집		[v/ㅂ]
glove	⋯⋯▶	glo‎e
야구 장갑		[v/ㅂ]

❶ 소문자 카드를 이용해서 위의 단어를 직접 만들어 보세요.
❷ 대문자 카드를 이용해서 위의 단어를 직접 만들어 보세요.

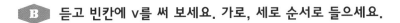

B 듣고 빈칸에 v를 써 보세요. 가로, 세로 순서로 들으세요.

137

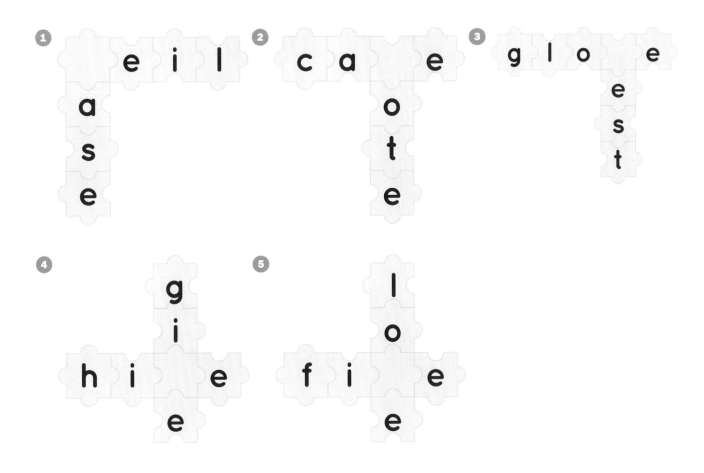

1 e i l
a
s
e

2 c a e
o
t
e

3 g l o e e
e
s
t

4 g
i
h i e
e

5 l
o
f i e
e

C 잘 듣고 두 단어 중 v[v/ㅂ] 소리가 나는 단어의 빈칸에 동그라미 하세요.

138

1 ⓐ ase ⓑ ase

2 ⓐ et ⓑ et

3 ⓐ an ⓑ an

4 ⓐ est ⓑ est

5 ⓐ hi e ⓑ hi e

6 ⓐ ca e ⓑ ca e

Ww

글자와 이름

Ww Ww Ww

이 글자의 이름은 '**더블유**'라고 해요. 손으로 글자를 짚으면서 이름을 말해 보세요.

큰 글자 **W**는 '**대문자 더블유**'예요. 작은 글자 **w**는 '**소문자 더블유**'예요.

🔵 시작점과 순서에 주의해서 대문자 W와 소문자 w를 써 보세요.

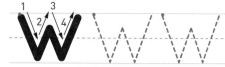

다음 문장을 듣고, 따라 읽으며 대문자 W와 소문자 w에 동그라미 하세요.

The wicked witch wished the wicked wish.

139

사악한(wicked) 마녀(witch)가 사악한 소원(wish)을 빌었어요(wished).

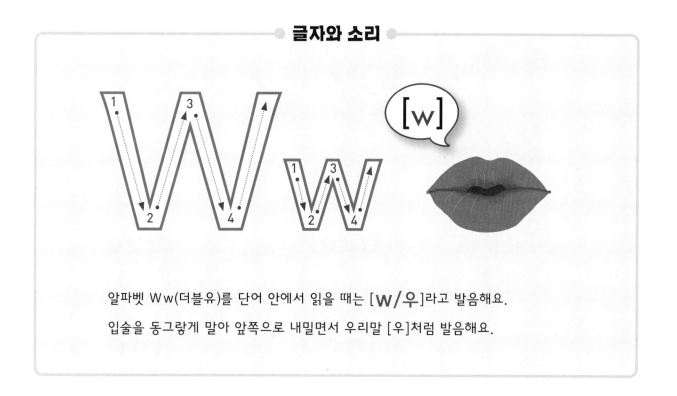

알파벳 Ww(더블유)를 단어 안에서 읽을 때는 [w/우]라고 발음해요.
입술을 동그랗게 말아 앞쪽으로 내밀면서 우리말 [우]처럼 발음해요.

● 입 모양에 주의하며 챈트를 따라 해 보세요.

140

w[우]+a[ɔ:/어]
=[워]

w[우]+ee[이]
=[위]

W is for walk.   W is for weed.
걷다   잡초

w[우]+ʌ[어]=[위]

w[우]+o[어]=[워]

W is for wolf.   W is for worm.
늑대   벌레

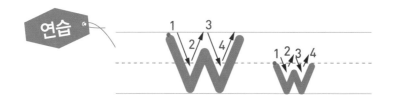

A 따라 읽고 빈칸에 w를 써 보세요.

	wave 파도	......▶	**ave** [w/우]
	wind 바람	......▶	**ind** [w/우]
	wood 목재	......▶	**ood** [w/우]
	watch (TV를) 보다	......▶	**atch** [w/우]
	water 물	......▶	**ater** [w/우]
	witch 마녀	......▶	**itch** [w/우]

❶ 소문자 카드를 이용해서 위의 단어를 직접 만들어 보세요.
❷ 대문자 카드를 이용해서 위의 단어를 직접 만들어 보세요.

B 듣고 빈칸에 w를 써 보세요. 가로, 세로 순서로 들으세요.

① olf / ave

② ind / et

③ eed / orm

④ atch / itch

⑤ ater / ay

C 잘 듣고 두 단어 중 w[w/우] 소리가 나는 단어의 빈칸에 동그라미 하세요.

143

① ⓐ ☐ alk ⓑ ☐ alk

② ⓐ ☐ orm ⓑ ☐ orm

③ ⓐ ☐ eed ⓑ ☐ eed

④ ⓐ ☐ ood ⓑ ☐ ood

⑤ ⓐ ☐ atch ⓑ ☐ atch

⑥ ⓐ ☐ ave ⓑ ☐ ave

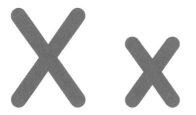

글자와 이름

이 글자의 이름은 '**엑스**'라고 해요. 손으로 글자를 짚으면서 이름을 말해 보세요.

큰 글자 **X**는 '대문자 **엑스**'예요. 작은 글자 **x**는 '소문자 **엑스**'예요.

● 시작점과 순서에 주의해서 대문자 X와 소문자 x를 써 보세요.

다음 문장을 듣고, 따라 읽으며 대문자 X와 소문자 x에 동그라미 하세요.

A box of mixed six waxes.

왁스(waxes) 6개(six)가 섞인(mixed) 상자(box).

144

글자와 소리

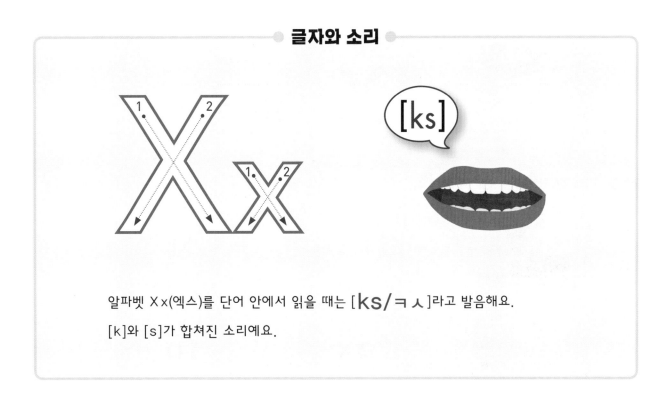

알파벳 X x(엑스)를 단어 안에서 읽을 때는 [ks/ㅋㅅ]라고 발음해요.
[k]와 [s]가 합쳐진 소리예요.

● 입 모양에 주의하며 챈트를 따라 해 보세요.

145

X is for ax.

a[애]+x[ㅋㅅ]
=[액스]

도끼

X is for ox.

o[아]+x[ㅋㅅ]
=[악스]

황소

X is for box.

상자

X is for taxi.

택시

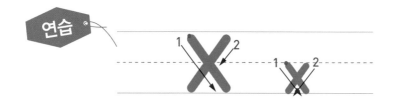

연습

A 따라 읽고 빈칸에 x를 써 보세요.

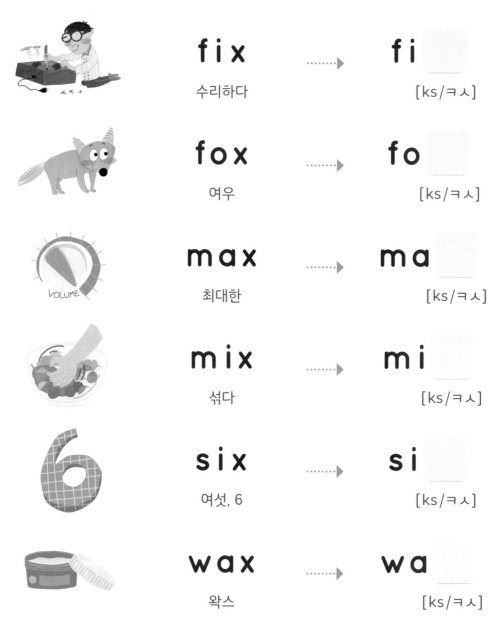

	fix	⇢	**fi** [ks/ㅋㅅ]
	수리하다		
	fox	⇢	**fo** [ks/ㅋㅅ]
	여우		
	max	⇢	**ma** [ks/ㅋㅅ]
	최대한		
	mix	⇢	**mi** [ks/ㅋㅅ]
	섞다		
	six	⇢	**si** [ks/ㅋㅅ]
	여섯, 6		
	wax	⇢	**wa** [ks/ㅋㅅ]
	왁스		

❶ 소문자 카드를 이용해서 위의 단어를 직접 만들어 보세요.
❷ 대문자 카드를 이용해서 위의 단어를 직접 만들어 보세요. F I X

B 듣고 빈칸에 x를 써 보세요. 가로, 세로 순서로 들으세요.

1
a
b o

2
o
m a

3
t
a
s i
i

4
t
a
w a

5
f
o
m i

C 잘 듣고 두 단어 중 x[ks/ㅋㅅ] 소리가 나는 단어의 빈칸에 동그라미 하세요.

1 ⓐ ma ___   ⓑ ma ___   **2** ⓐ si ___   ⓑ si ___

3 ⓐ o ___   ⓑ o ___   **4** ⓐ fi ___   ⓑ fi ___

5 ⓐ wa ___   ⓑ wa ___   **6** ⓐ mi ___   ⓑ mi ___

Review

V [v]   **W** [w]   **X** [ks]

A 잘 듣고, 들은 단어에 동그라미 하세요.

149

1
ⓐ ⓑ

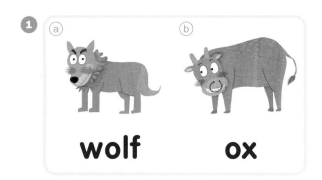

wolf   **ox**

2
ⓐ ⓑ

veil   **ax**

3
ⓐ ⓑ

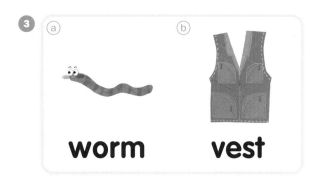

worm   **vest**

4
ⓐ ⓑ

taxi   **glove**

5
ⓐ ⓑ

box   **weed**

6
ⓐ ⓑ

hive   **walk**

B 잘 듣고, 세 단어에 모두 들어가는 소리에 동그라미 하세요.

150

1   bo ☐   fo ☐   wa ☐   **W** [w/우]   **X** [ks/ㅋㅅ]

2   ☐ et   ☐ an   ☐ ote   **V** [v/ㅂ]   **W** [w/우]

3   ☐ ave   ☐ itch   ☐ ater   **V** [v/ㅂ]   **W** [w/우]

4   mi ☐   fi ☐   si ☐   **W** [w/우]   **X** [ks/ㅋㅅ]

5   ☐ ind   ☐ atch   ☐ ood   **W** [w/우]   **X** [ks/ㅋㅅ]

C 잘 듣고, 빈칸에 빠진 글자를 쓰세요.

151

① ___ave

② gi___e

③ fi___

④ ___itch

⑤ ___ase

⑥ ma___

D 잘 듣고, 서로 다른 소리가 나는 부분에 동그라미 하세요.

1

set
(~에) 놓다

vet
수의사

2

west
서쪽

vest
조끼

3

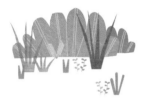

weed
잡초

seed
씨앗

4

wax
왁스

way
길

check check

● 손가락으로 글자를 짚으면서 아래의 지시에 따라 해 보세요.

❶ 각 글자의 이름을 말해 보세요.

❷ 각 글자의 발음을 말해 보세요.

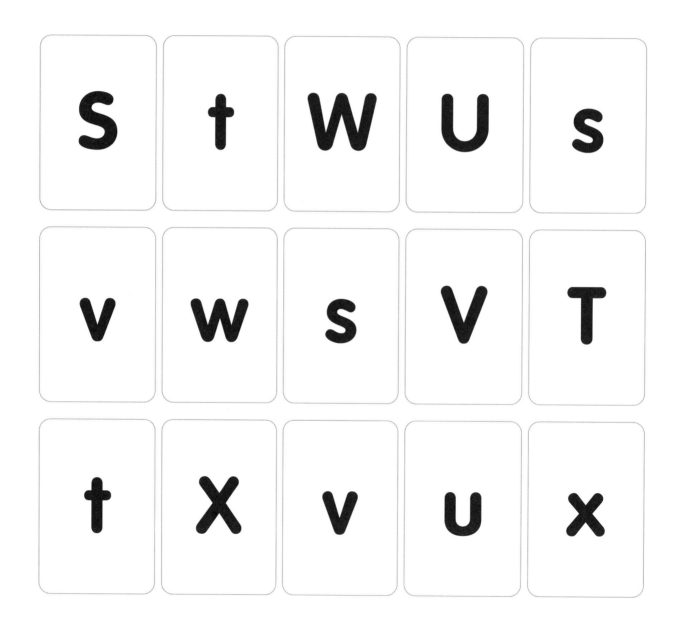

PART 5

Yy~Zz / NG ng
CH ch / SH sh / TH th

각 알파벳에 해당하는 카드를 찾아 아래 표와 같은 순서로 놓아 보세요.

Y	y	Z	z
와이	와이	지	지

NG	ng	CH	ch
엔, 쥐이	엔, 쥐이	씨이, 에이취	씨이, 에이취

SH	sh	TH	th
에스, 에이취	에스, 에이취	티이, 에이취	티이, 에이취

각 알파벳의 이름을
큰 소리로 읽어 보세요.

글자와 이름

이 글자의 이름은 '**와이**'라고 해요. 손으로 글자를 짚으면서 이름을 말해 보세요.

큰 글자 **Y**는 '**대문자 와이**'예요. 작은 글자 **y**는 '**소문자 와이**'예요.

● 시작점과 순서에 주의해서 대문자 Y와 소문자 y를 써 보세요.

다음 문장을 듣고, 따라 읽으며 대문자 Y와 소문자 y에 동그라미 하세요.

Your new yellow yo-yo is in the yard.

너의(your) 새(new) 노란색(yellow) 요요(yo-yo)는 마당(yard)에 있어.

153

글자와 소리

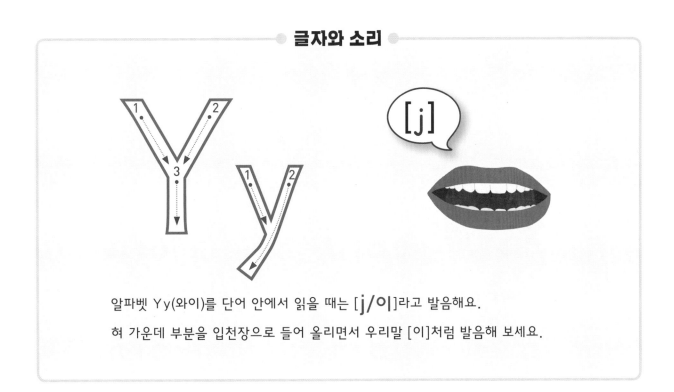

알파벳 Yy(와이)를 단어 안에서 읽을 때는 [j/이]라고 발음해요.

혀 가운데 부분을 입천장으로 들어 올리면서 우리말 [이]처럼 발음해 보세요.

🌐 입 모양에 주의하며 챈트를 따라 해 보세요.

154

y[이]+a[애]=[얘]

Y is for yam.
얌, 참마

y[이]+e[에]=[예]

Y is for yes.
그래

y[이]+e[에]=[예]

Y is for yell.
소리 지르다

y[이]+o[오]=[요]

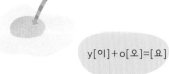

Y is for yolk.
달걀 노른자

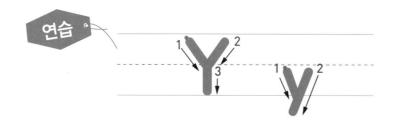

A 따라 읽고 빈칸에 y를 써 보세요.

yard ·······▶ **y ard**
마당 [j/이]

yarn ·······▶ **___arn**
털실 [j/이]

yawn ·······▶ **___awn**
하품하다 [j/이]

year ·······▶ **___ear**
해, 년 [j/이]

yelp ·······▶ **y elp**
비명을 지르다 [j/이]

yellow ·······▶ **___ellow**
노란색 [j/이]

❶ 소문자 카드를 이용해서 위의 단어를 직접 만들어 보세요.
❷ 대문자 카드를 이용해서 위의 단어를 직접 만들어 보세요.

B 듣고 빈칸에 y를 써 보세요. 가로, 세로 순서로 들으세요.

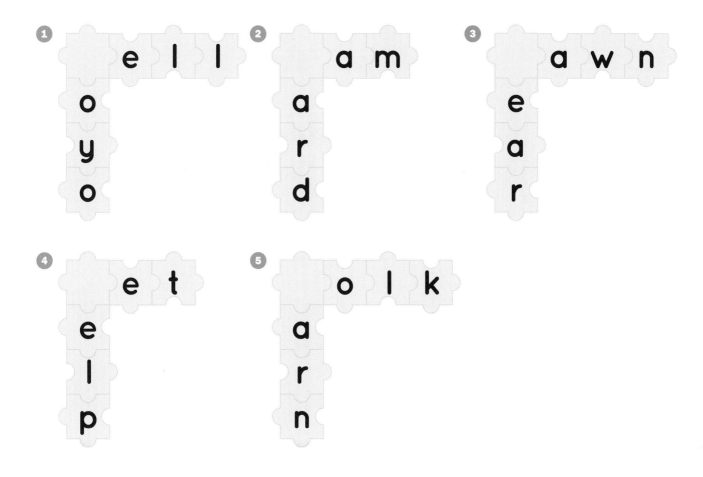

1
e l l
o
y
o

2
a m
a
r
d

3
a w n
e
a
r

4
e t
e
l
p

5
o l k
a
r
n

C 잘 듣고 두 단어 중 y[j/이] 소리가 나는 단어의 빈칸에 동그라미 하세요.

1 ⓐ ard ⓑ ard   **2** ⓐ ellow ⓑ ellow

3 ⓐ ell ⓑ ell   **4** ⓐ olk ⓑ olk

5 ⓐ am ⓑ am   **6** ⓐ awn ⓑ awn

Z z

글자와 이름

Z z   Z z   **Z z**

이 글자의 이름은 '**지**'라고 해요. 손으로 글자를 짚으면서 이름을 말해 보세요.

큰 글자 **Z**는 '**대문자 지**'예요. 작은 글자 **z**는 '**소문자 지**'예요.

● 시작점과 순서에 주의해서 대문자 Z와 소문자 z를 써 보세요.

Z Z Z

z z z

다음 문장을 듣고, 따라 읽으며 대문자 Z와 소문자 z에 동그라미 하세요.

A zebra in the zoo tries to zip his bag open.

158

동물원(zoo)의 얼룩말(zebra)이 가방(bag) 지퍼를 열려고(zip open) 해요.

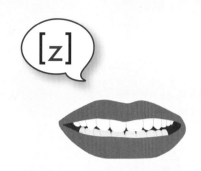

알파벳 Z z(직)를 단어 안에서 읽을 때는 [z / ㅈ]라고 발음해요.

혀끝을 윗니 뒤 잇몸에 두고, 이는 다물고 입술은 옆으로 평평하게 벌리며 우리말

[ㅈ]처럼 발음해 보세요.

● 입 모양에 주의하며 챈트를 따라 해 보세요.

159

Z is for zip.
지퍼

Z is for zoo.
동물원

Z is for zero.
영, 0

Z is for jazz.
재즈

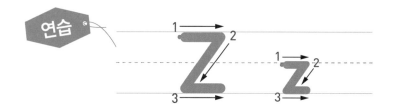

 A 따라 읽고 빈칸에 z를 써 보세요.

160

zone   ⋯⋯▶   ＿one

구역   [z/ㅈ]

zoom   ⋯⋯▶   ＿oom

줌 렌즈   [z/ㅈ]

zebra   ⋯⋯▶   ＿ebra

얼룩말   [z/ㅈ]

size   ⋯⋯▶   si＿e

사이즈, 치수   [z/ㅈ]

sneeze   ⋯⋯▶   snee＿e

재치기하다   [z/ㅈ]

rose   ⋯⋯▶   ro＿se

장미   [z/ㅈ]   ⁻se도 [z] 소리가 나요.

❶ 소문자 카드를 이용해서 위의 단어를 직접 만들어 보세요.
❷ 대문자 카드를 이용해서 위의 단어를 직접 만들어 보세요.

z o n e
Z O N E

161

B 듣고 빈칸에 z를 써 보세요. 가로, 세로 순서로 들으세요.

1 ❶
e r o
o
n
e

2 ❷
q u i
i
p

3 ❸
b
u
j a

4 ❹
s i e
o
o
m

5 ❺
e b r a
o
o

C 잘 듣고 두 단어 중 z[z/ㅈ] 소리가 나는 단어의 빈칸에 동그라미 하세요.

162

1 ⓐ ip ⓑ ip   **2** ⓐ ero ⓑ ero

3 ⓐ one ⓑ one   **4** ⓐ oom ⓑ oom

5 ⓐ oo ⓑ oo   **6** ⓐ si e ⓑ si e

NG ng

글자와 이름

NG ng NG ng

영어 단어 중에는 ng가 함께 쓰이는 것이 많아요. 특히 -ing 또는 -ong가 쓰인 단어를 많이 볼 수 있답니다.

● 시작점과 순서에 주의해서 대문자 NG와 소문자 ng를 써 보세요.

다음 문장을 잘 듣고, 따라 읽으며 ng를 찾아 동그라미 하세요.
The king wearing a ring sang winning songs.
반지(ring)를 낀(wearing) 왕(king)은 승리의(winning) 노래(song)를 불렀어요(sang).

163

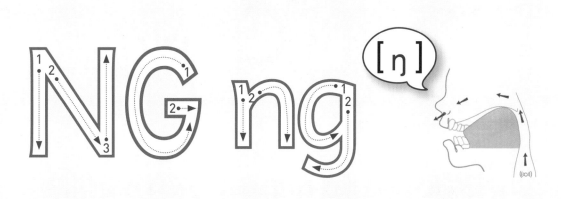

ng를 단어 안에서 읽을 때는 각각의 소리대로 발음하지 않고 합쳐서 [ŋ/ㅇ]이
라고 발음해요. [ŋ]은 혀뿌리를 목젖까지 올려서 우리말 받침 [ㅇ]처럼 발음해요.
예를 들어, wing(날개)은 wi[위]와 ng[ㅇ]이 합쳐져서 [윙]이라고 발음돼요.

● 입 모양에 주의하며 챈트를 따라 해 보세요.

164

ba[배]+ng[ㅇ]
=[뱅]

NG are for bang.
꽝 하는 소리

ha[해]+ng[ㅇ]
=[행]

NG are for hang.
걸다

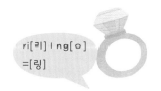

ri[키]ㅣng[ㅇ]
=[링]

NG are for ring.
반지

si[시]+ng[ㅇ]
=[싱]

NG are for sing.
노래하다

연습 **NG** **ng**

165

A 따라 읽고 빈칸에 ng를 써 보세요.

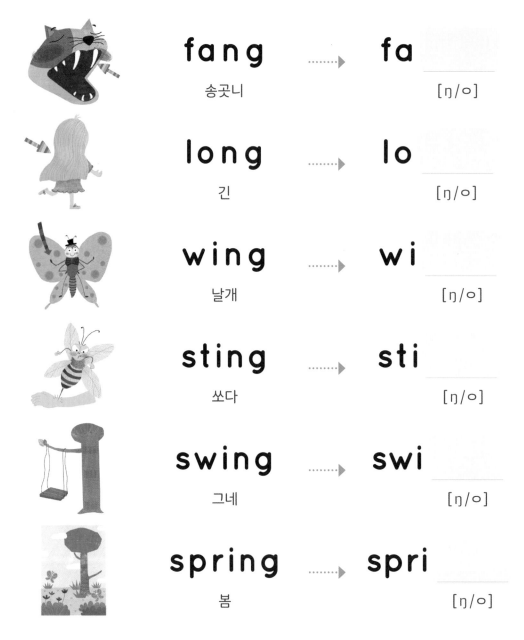

fang ········▶ fa ___
송곳니   [ŋ/ㅇ]

long ········▶ lo ___
긴   [ŋ/ㅇ]

wing ········▶ wi ___
날개   [ŋ/ㅇ]

sting ········▶ sti ___
쏘다   [ŋ/ㅇ]

swing ········▶ swi ___
그네   [ŋ/ㅇ]

spring ········▶ spri ___
봄   [ŋ/ㅇ]

❶ 소문자 카드를 이용해서 위의 단어를 직접 만들어 보세요.
❷ 대문자 카드를 이용해서 위의 단어를 직접 만들어 보세요.

B 듣고 빈칸에 ng를 써 보세요. 가로, 세로 순서로 들으세요.

①
w
i
l o

②
s
o
g o

③
h
a
k i

④
s
i
f a

⑤
s
t
i
b a

C 잘 듣고 두 단어 중 ng[ŋ/ㅇ] 소리가 나는 단어의 빈칸에 동그라미 하세요.

① ⓐ ba   ⓑ ba   **②** ⓐ ri   ⓑ ri

③ ⓐ ha   ⓑ ha   **④** ⓐ fa   ⓑ fa

⑤ ⓐ swi   ⓑ swi   **⑥** ⓐ si   ⓑ si

Review

A 잘 듣고, 들은 단어에 동그라미 하세요.

168

1

ⓐ hang　　ⓑ zoo

2
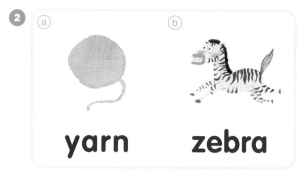

ⓐ yarn　　ⓑ zebra

3

ⓐ sing　　ⓑ yard

4

ⓐ bang　　ⓑ yolk

5

ⓐ zip　　ⓑ ring

6

ⓐ yell　　ⓑ zero

B 잘 듣고, 세 단어에 모두 들어가는 소리에 동그라미 하세요.

169

①

[ ] one   [ ] oom   [ ] ero   z[z/ㅈ] y[j/이]

②

[ ] es   [ ] elp   [ ] ell   y[j/이] ng[ŋ/ㅇ]

③

fa[ ]   wi[ ]   sti[ ]   z[z/ㅈ] ng[ŋ/ㅇ]

④

[ ] ip   [ ] ebra   [ ] oo   z[z/ㅈ] y[j/이]

⑤

lo[ ]   spri[ ]   swi[ ]   z[z/ㅈ] ng[ŋ/ㅇ]

y z ng

1 lo

2 awn

3 ja

4 spri

5 ellow

6 si e

1

wind
바람

wing
날개

2

zoo
동물원

you
너, 당신

3

yam
얌, 참마

jam
잼

4

bang
꽝 하는 소리

bank
은행

CH ch

● 글자와 이름 ●

CH ch CH ch

영어 단어 중에는 ch가 함께 쓰이는 것이 많아요.

child(아이)나 chair(의자), peach(복숭아)처럼 말이지요.

● 시작점과 순서에 주의해서 대문자 CH와 소문자 ch를 써 보세요.

다음 문장을 듣고, 따라 읽으며 ch를 찾아 동그라미 하세요.

Charlie chops chips for the chicks.

찰리(Charlie)는 병아리(chicks)를 위해 감자튀김(chips)을 잘게 잘라요(chops).

172

ch를 단어 안에서 읽을 때는 각각의 소리대로 발음하지 않고 합쳐서 [ʧ/취]라고 발음해요. [ʧ]는 혀를 윗니 뒤 잇몸에 붙였다 떼며 우리말 [취]처럼 발음해요. 예를 들어, chin(턱)은 ch[취]와 in[인]이 합쳐져서 [췬]이라고 발음돼요.

● 입 모양에 주의하며 챈트를 따라 해 보세요.

173

CH are for chin.

턱

CH are for chip.

칩, 감자튀김

CH are for chop.

잘게 자르다

CH are for beach.

해변

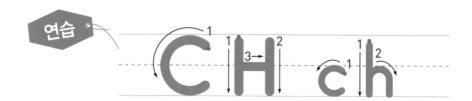

A 따라 읽고 빈칸에 ch를 써 보세요.

chew ⋯⋯▶ ___ **ew**
씁다   [ㅑ/취]

chair ⋯⋯▶ ___ **air**
의자   [ㅑ/취]

chick ⋯⋯▶ ___ **ick**
병아리   [ㅑ/취]

bench ⋯⋯▶ **ben** ___
벤치   [ㅑ/취]

peach ⋯⋯▶ **pea** ___
복숭아   [ㅑ/취]

catch ⋯⋯▶ **cat** ___
잡다   [ㅑ/취]

❶ 소문자 카드를 이용해서 위의 단어를 직접 만들어 보세요.
❷ 대문자 카드를 이용해서 위의 단어를 직접 만들어 보세요.

B 듣고 빈칸에 ch를 써 보세요. 가로, 세로 순서로 들으세요.

1
ip
i
c
k

2
c
a
t
air

3
p
e
a
ew

4
in
o
p

5
ben
a
i
n

C 잘 듣고 두 단어 중 ch[ʧ/취] 소리가 나는 단어의 빈칸에 동그라미 하세요.

1 ⓐ ip   ⓑ ip   **2** ⓐ op   ⓑ op

3 ⓐ bea   ⓑ bea   **4** ⓐ air   ⓑ air

5 ⓐ ben   ⓑ ben   **6** ⓐ pea   ⓑ pea

unit
29

SH sh

● 글자와 이름 ●

SH sh SH sh

영어 단어 중에는 sh가 함께 쓰이는 것이 많아요.

she(그녀)나 shop(가게), dish(접시)처럼 말이지요.

● 시작점과 순서에 주의해서 대문자 SH와 소문자 sh를 써 보세요.

다음 문장을 듣고, 따라 읽으며 sh를 찾아 동그라미 하세요.

She sells seashells on a seashore.

177

그녀는(She) 해변(seashore)에서 조개껍데기(seashells)를 팔아요(sells).

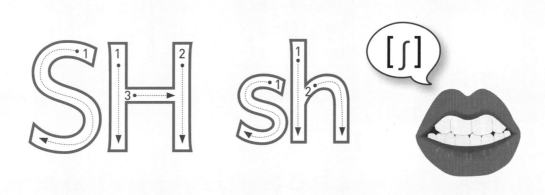

sh를 단어 안에서 읽을 때는 각각의 소리대로 발음하지 않고 합쳐서 [ʃ/쉬]라고
발음해요. [ʃ]는 입을 앞으로 동그랗게 내밀고 우리말 [쉬]처럼 발음해요.
예를 들어, ship(배)은 sh[쉬]와 ip[잎]이 합쳐져서 [쉽]이라고 발음돼요.

● 입 모양에 주의하며 챈트를 따라 해 보세요.

SH are for ship.
배

SH are for shop.
가게

sh[쉬] l ㅔll[엘]
=[쉘]

SH are for shell.
(조개·굴 등의) 껍데기

di[디]+sh[쉬]
=[디쉬]

SH are for dish.
접시

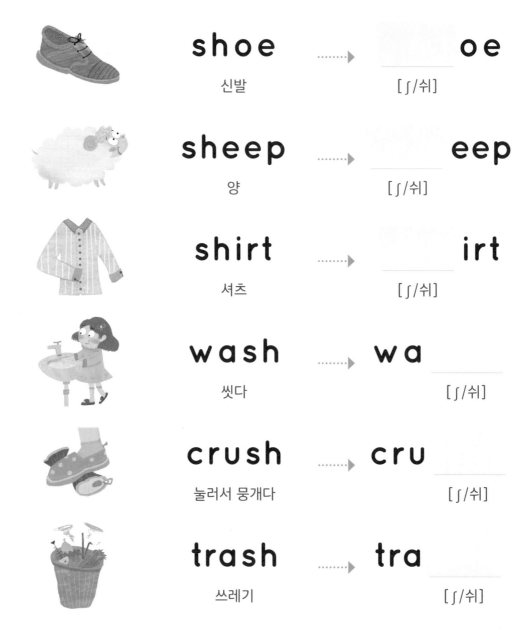

연습

SH sh

A 따라 읽고 빈칸에 sh를 써 보세요.

179

shoe
신발
→ ____oe
[ʃ/쉬]

sheep
양
→ ____eep
[ʃ/쉬]

shirt
셔츠
→ ____irt
[ʃ/쉬]

wash
씻다
→ wa____
[ʃ/쉬]

crush
눌러서 뭉개다
→ cru____
[ʃ/쉬]

trash
쓰레기
→ tra____
[ʃ/쉬]

❶ 소문자 카드를 이용해서 위의 단어를 직접 만들어 보세요.
❷ 대문자 카드를 이용해서 위의 단어를 직접 만들어 보세요.

s h o e
S H O E

B 듣고 빈칸에 sh를 써 보세요. 가로, 세로 순서로 들으세요.

① e ll l
i
r t

② d i e
e
e
p

③ y
o
e

④ f
i
t r a

⑤ w
a
c r u

C 잘 듣고 두 단어 중 sh[ʃ/쉬] 소리가 나는 단어의 빈칸에 동그라미 하세요.

① ⓐ op ⓑ op ② ⓐ ell ⓑ ell

③ ⓐ eep ⓑ eep ④ ⓐ oe ⓑ oe

⑤ ⓐ ip ⓑ ip ⑥ ⓐ irt ⓑ irt

TH th

● 글자와 이름 ●

TH th TH th

영어 단어 중에는 th가 함께 쓰이는 것이 많아요.

three(셋)나 thief(도둑), math(수학)처럼 말이지요.

● 시작점과 순서에 주의해서 대문자 TH와 소문자 th를 써 보세요.

다음 문장을 듣고, 따라 읽으며 th를 찾아 동그라미 하세요.

Three thin thieves think
a thousand thoughts.

세 명의(three) 마른(thin) 도둑들(thieves)이
천 개의(thousand) 생각(thoughts)을 생각해요(think).

182

th는 각각의 소리대로 발음하지 않고 합쳐서 [θ] 또는 [ð]라고 발음해요.

윗니와 아랫니 사이로 혀를 살짝 내밀고 바람을 불어 [θ]로 발음해요.

this, they, brother의 th는 같은 입 모양을 하고 성대를 울려 [ð]로 발음해요.

이 과에서는 th의 기본 발음인 [θ] 발음을 주로 연습해 봐요.

● 입 모양에 주의하며 챈트를 따라 해 보세요.

183

TH are for thin.
얇은, 마른

TH are for thick.
두꺼운

TH are for three.
셋, 3

TH are for bath.
욕조, 목욕

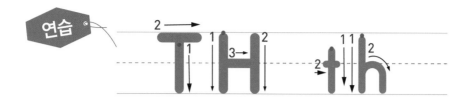

A 따라 읽고 빈칸에 th를 써 보세요.

184

thief ······▶ _____ief
도둑 [θ]

think ······▶ _____ink
생각하다 [θ]

throw ······▶ _____row
던지다 [θ]

math ······▶ ma_____
수학 [θ]

moth ······▶ mo_____
나방 [θ]

teeth ······▶ tee_____
이 [θ]

❶ 소문자 카드를 이용해서 위의 단어를 직접 만들어 보세요.
❷ 대문자 카드를 이용해서 위의 단어를 직접 만들어 보세요.

B 듣고 빈칸에 th를 써 보세요. 가로, 세로 순서로 들으세요.

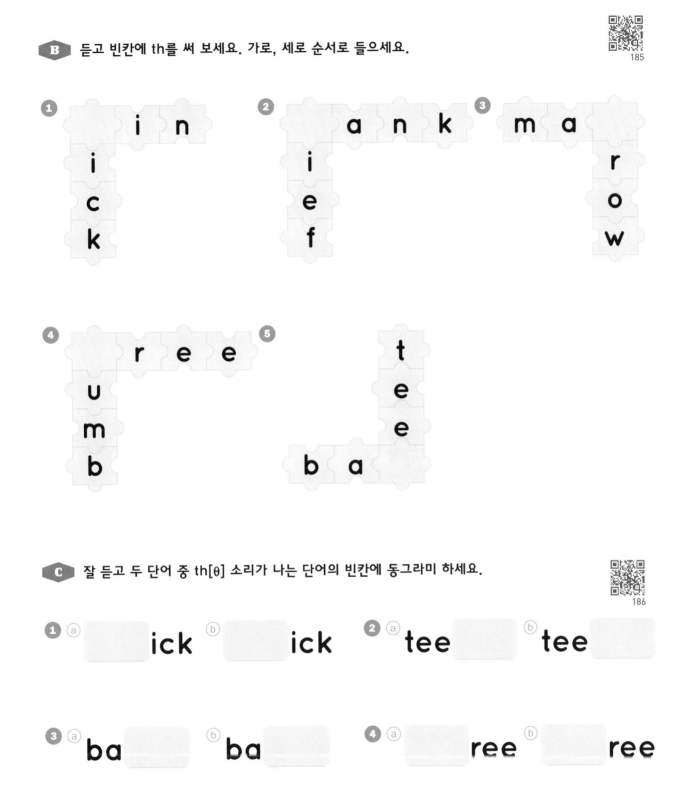

① in / ick / i / c / k

② ank / ief / f

③ ma / rrow

④ ree / umb

⑤ tee / ba

C 잘 듣고 두 단어 중 th[θ] 소리가 나는 단어의 빈칸에 동그라미 하세요.

186

① ⓐ [ ]ick ⓑ [ ]ick　　② ⓐ tee[ ] ⓑ tee[ ]

③ ⓐ ba[ ] ⓑ ba[ ]　　④ ⓐ [ ]ree ⓑ [ ]ree

⑤ ⓐ [ ]in ⓑ [ ]in　　⑥ ⓐ [ ]ink ⓑ [ ]ink

Review

sh [ʃ]　ch [ʧ]　th [θ]

A 잘 듣고, 들은 단어에 동그라미 하세요.

187

1
ⓐ　　　　　ⓑ

ship　　chip

2
ⓐ　　　　　ⓑ

chick　　thin

3
ⓐ　　　　　ⓑ

chop　　shop

4
ⓐ　　　　　ⓑ

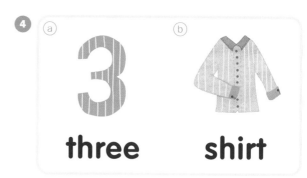

three　　shirt

5
ⓐ　　　　　ⓑ

shell　　teeth

6
ⓐ　　　　　ⓑ

chin　　moth

B 잘 듣고, 세 단어에 모두 들어가는 소리에 동그라미 하세요.

1   ☐ oe   ☐ eep   ☐ ip   **sh**[ʃ/쉬] **ch**[ʧ/취]

2   ma ☐   ba ☐   tee ☐   **th**[θ] **sh**[ʃ/쉬]

3   ☐ ew   ☐ air   ☐ ild   **sh**[ʃ/쉬] **ch**[ʧ/취]

4   ☐ ief   ☐ ink   ☐ row   **th**[θ] **sh**[ʃ/쉬]

5   cat ☐   bea ☐   ben ☐   **sh**[ʃ/쉬] **ch**[ʧ/취]

C 잘 듣고, 빈칸에 빠진 철자를 쓰세요.

ch sh th

1 ___ick

2 ___row

3 cru___

4 ___op

5 pea___

6 di___

D 잘 듣고, 다른 소리가 나는 부분에 동그라미 하세요.

①

ship
배

chip
감자튀김

②

chin
턱

thin
얇은, 마른

③

chop
잘게 자르다

shop
가게

④

sell
팔다

shell
(조개·굴 등의) 껍데기

check check

● 손가락으로 글자를 짚으면서 아래의 지시에 따라 해 보세요.

❶ 각 글자의 이름을 말해 보세요.
❷ 각 글자의 발음을 말해 보세요.

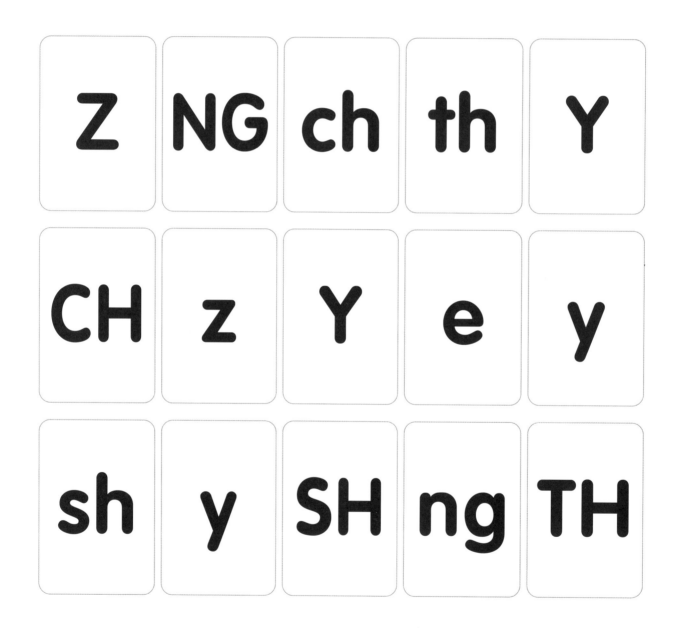

초등 영어를 결정하는 알파벳과 소리
정답

PART 1

UNIT 1 p.14

Aunt Alice in pants is fast.

 챈트

A is a letter in the alphabet.
A! A! A! A!
A makes the sound [æ/애].
[æ/애], [æ/애], [æ/애]!
A is for act, act, act, act.
A is for ant, ant, ant, ant.
A is for can, can, can, can.
A is for hat, hat, hat, hat.
A is a letter in the alphabet.
A says [æ/애].
[æ/애], [æ/애], [æ/애], [æ/애]!

연습

Ⓑ ❶ bag 가방 cat 고양이
❷ ham 햄 dam 댐
❸ ant 개미 ask 묻다
❹ can 통조림, 깡통 fan 선풍기, 팬
❺ act 행동하다 add 더하다
Ⓒ ❶ ⓐ dad 아빠 ⓑ did 했다
❷ ⓐ cut 자르다 ⓑ cat 고양이
❸ ⓐ big 큰 ⓑ bag 가방
❹ ⓐ ham 햄 ⓑ him 그를
❺ ⓐ tap 톡톡 두드리다 ⓑ top 팽이, 맨 위
❻ ⓐ fun 재미 ⓑ fan 선풍기, 팬

UNIT 2 p.18

Blake the baker bakes black bread.

챈트

B is a letter in the alphabet.
B! B! B! B!

B makes the sound [b/ㅂ].
[b/ㅂ], [b/ㅂ], [b/ㅂ]!
B is for bee, bee, bee, bee.
B is for bear, bear, bear, bear.
B is for boat, boat, boat, boat.
B is for book, book, book, book.
B is a letter in the alphabet.
B says [b/ㅂ].
[b/ㅂ], [b/ㅂ], [b/ㅂ], [b/ㅂ]!

연습

Ⓑ ❶ bear 곰 bone 뼈
❷ tub 욕조 web 거미줄, 망
❸ bat 박쥐 bee 벌
❹ bin 쓰레기통 bag 가방
❺ boat 보트, 배 book 책
Ⓒ ❶ ⓐ bat 박쥐 ⓑ cat 고양이
❷ ⓐ tee T자, T셔츠 ⓑ bee 벌
❸ ⓐ bag 가방 ⓑ tag 꼬리표
❹ ⓐ bear 곰 ⓑ tear 눈물
❺ ⓐ book 책 ⓑ cook 요리사
❻ ⓐ coat 코트 ⓑ boat 보트, 배

UNIT 3 p.22

Cathy Cleans Copper Cups.

 챈트

C is a letter in the alphabet.
C! C! C! C!
C makes the sound [k/ㅋ].
[k/ㅋ], [k/ㅋ], [k/ㅋ]!
C is for cat, cat, cat, cat.
C is for cow, cow, cow, cow.
C is for cup, cup, cup, cup.
C is for cry, cry, cry, cry.
C is a letter in the alphabet.
C says [k/ㅋ].

[k/ㅋ], [k/ㅋ], [k/ㅋ], [k/ㅋ]!

 연습

B ① cat 고양이 can 통조림, 깡통
② cup 컵 cop 경찰관
③ cut 자르다 cap 캡 모자
④ coat 코트 cone 콘, 원뿔
⑤ cow 소 cry 울다

C ① ⓐ cow 젖소 ⓑ bow 절하다
② ⓐ mat 매트 ⓑ cat 고양이
③ ⓐ cup 컵 ⓑ pup (동물의) 새끼
④ ⓐ bone 뼈 ⓑ cone 콘, 원뿔
⑤ ⓐ cop 경찰관 ⓑ top 팽이, 맨 위
⑥ ⓐ hut 오두막 ⓑ cut 자르다

Review p.26

A. ① ⓐ can ② ⓑ book ③ ⓐ bee
④ ⓐ hat ⑤ ⓐ cut ⑥ ⓑ bat
B. ① bird bone boat (ⓑ)
② act ant add (ⓐ)
③ back bed bike (ⓑ)
④ bag cat fan (ⓐ)
⑤ cow can cup (ⓒ)
C. ① ant ② web ③ cow ④ cone
⑤ bag ⑥ tub
D. ① fan fin ② boat coat
③ hat hit ④ bat cat

UNIT ④ p.30

A dog and a deer are digging.

챈트

D is a letter in the alphabet.
D! D! D! D!
D makes the sound [d/ㄷ].
[d/ㄷ], [d/ㄷ], [d/ㄷ]!

D is for dice, dice, dice, dice.
D is for doll, doll, doll, doll.
D is for door, door, door, door.
D is for draw, draw, draw, draw.
D is a letter in the alphabet.
D says [d/ㄷ].
[d/ㄷ], [d/ㄷ], [d/ㄷ], [d/ㄷ]!

연습

B ① draw 그리다 dice 주사위
② deer 사슴 doll 인형
③ kid 아이 sad 슬픈
④ duck 오리 door 문
⑤ dig 파다 dot 점

C ① ⓐ duck 오리 ⓑ luck 행운
② ⓐ log 통나무 ⓑ dog 개
③ ⓐ fig 무화과 ⓑ dig 파다
④ ⓐ dry 마른, 건조한 ⓑ cry 울다
⑤ ⓐ door 문 ⓑ floor 바닥
⑥ ⓐ peer 또래 ⓑ deer 사슴

UNIT ⑤ p.34

Eddie ate eight eggs every day.

챈트

E is a letter in the alphabet.
E! E! E! E!
E makes the sound [e/에].
[e/에], [e/에], [e/에]!
E is for egg, egg, egg, egg.
E is for end, end, end, end.
E is for bed, bed, bed, bed.
E is for hen, hen, hen, hen.
E is a letter in the alphabet.
E says [e/에].
[e/에], [e/에], [e/에], [e/에]!

B
1. end 끝   egg 달걀
2. elf 요정   leg 다리
3. bed 침대   red 빨간색
4. hen 암탉   pen 펜
5. net 그물   bet 내기하다

C
1. ⓐ beg 간청하다, 애원하다   ⓑ big 큰
2. ⓐ pin 핀   ⓑ pen 펜
3. ⓐ met 만났다(meet의 과거형)
   ⓑ meat 고기
4. ⓐ hell 지옥   ⓑ hill 언덕
5. ⓐ got 얻었다(get의 과거형)   ⓑ get 얻다
6. ⓐ bit 조금, 약간   ⓑ bet 내기하다

UNIT 6 p.38

Fred fed Ted bread, and Ted fed Fred bread.

챈트

F is a letter in the alphabet.
F! F! F! F!
F makes the sound [f/ㅍ].
[f/ㅍ], [f/ㅍ], [f/ㅍ]!
F is for face, face, face, face.
F is for fish, fish, fish, fish.
F is for fly, fly, fly, fly.
F is for leaf, leaf, leaf, leaf.
F is a letter in the alphabet.
F says [f/ㅍ].
[f/ㅍ], [f/ㅍ], [f/ㅍ], [f/ㅍ]!

연습

B
1. farm 농장   fly 날다
2. fin 지느러미   fry 튀기다
3. leaf 나뭇잎   fish 생선
4. fork 포크   face 얼굴
5. feet 두 발(foot의 복수)   five 다섯, 5

C
1. ⓐ fin 지느러미   ⓑ pin 핀
2. ⓐ beet 비트   ⓑ feet 두 발(foot의 복수)
3. ⓐ farm 농장   ⓑ harm 피해, 손해
4. ⓐ hive 벌집   ⓑ five 다섯, 5
5. ⓐ race 경주, 달리기   ⓑ face 얼굴
6. ⓐ fish 생선   ⓑ dish 접시

Review p.42

A.
1. ⓐ fork 2. ⓑ end 3. ⓐ hen
4. ⓑ fish 5. ⓐ doll 6. ⓐ leg

B.
1. e g g   e l f   e n d   (e)
2. d eer   d ice   d oor   (d)
3. f arm   f ish   f eet   (f)
4. d ig   d ot   d ip   (d)
5. lea f   wi fe   cli f f   (f)

C.
1. egg 2. kid 3. face 4. net
5. leaf 6. ride

D.
1. five dive 2. sad sack
3. pen pin 4. wife wide

PART 2

UNIT 7 p.48

Give me the gift of a green glass.

챈트

G is a letter in the alphabet.
G! G! G! G!
G makes the sound [g/ㄱ].
[g/ㄱ], [g/ㄱ], [g/ㄱ]!
G is for game, game, game, game.
G is for gift, gift, gift, gift.
G is for glue, glue, glue, glue.
G is for goat, goat, goat, goat.

G is g letter in the alphabet.

G says [g/ㄱ].

[g/ㄱ], [g/ㄱ], [g/ㄱ], [g/ㄱ]!

연습

Ⓑ ① bug 벌레 game 게임, 경기

② good 좋은 tag 꼬리표

③ gate 큰 문, 게이트 glue 풀

④ wig 가발 gold 금

⑤ hug 껴안다 gift 선물

Ⓒ ① ⓐ clue 단서 ⓑ glue 풀

② ⓐ came 왔다(come의 과거형)

  ⓑ game 게임, 경기

③ ⓐ gum 껌 ⓑ sum 합계

④ ⓐ cold 추운, 차가운 ⓑ gold 금

⑤ ⓐ tag 꼬리표 ⓑ gag 개그

⑥ ⓐ goat 염소 ⓑ boat 보트, 배

UNIT ❽ p.52

Ⓗer left Ⓗand really Ⓗurts.

챈트

H is a letter in the alphabet.

H! H! H! H!

H makes the sound [h/ㅎ].

[h/ㅎ], [h/ㅎ], [h/ㅎ]!

H is for hair, hair, hair, hair.

H is for hand, hand, hand, hand.

H is for home, home, home, home.

H is for hole, hole, hole, hole.

H is a letter in the alphabet.

H says [h/ㅎ].

[h/ㅎ], [h/ㅎ], [h/ㅎ], [h/ㅎ]!

연습

Ⓑ ① hat 모자 hot 더운

② hip 엉덩이 hop 깡충 뛰다

③ hold 잡다 hair 머리카락

④ hare 토끼 heel 발뒤꿈치

⑤ home 집 hole 구멍

Ⓒ ① ⓐ pot 냄비 ⓑ hot 더운

② ⓐ pole 기둥, 막대기 ⓑ hole 구멍

③ ⓐ hip 엉덩이 ⓑ dip 소스, 찍다

④ ⓐ gold 금 ⓑ hold 잡다

⑤ ⓐ food 음식 ⓑ hood 두건, 모자

⑥ ⓐ heel 발뒤꿈치 ⓑ feel 느끼다

UNIT ❾ p.56

Ⓘ wish you were a fisⒽ iⓃ my disⒽ.

챈트

I is a letter in the alphabet.

I! I! I! I!

I makes the sound [ɪ/이].

[ɪ/이], [ɪ/이], [ɪ/이]!

I is for ink, ink, ink, ink.

I is for ill, ill, ill, ill.

I is for pig, pig, pig, pig.

I is for bin, bin, bin, bin.

I is a letter in the alphabet.

I says [ɪ/이].

[ɪ/이], [ɪ/이], [ɪ/이], [ɪ/이]!

연습

Ⓑ ① hit 치다 sit 앉다

② pig 돼지 wig 가발

③ dip 소스, 찍다 lip 입술

④ ink 잉크 ill 아픈

⑤ inch 인치 itch 가렵다

Ⓒ ① ⓐ set 놓다 ⓑ sit 앉다

② ⓐ peg 못, 핀 ⓑ pig 돼지

③ ⓐ bin 쓰레기통 ⓑ ban 금하다

④ ⓐ hit 치다 ⓑ hat 모자

⑤ ⓐ pin 핀 ⓑ pen 펜

⑥ ⓐ dash 돌진하다 ⓑ dish 접시

Review p.60

A. ① ⓐ sit ② ⓐ glue ③ ⓑ home
④ ⓐ hair ⑤ ⓐ goat ⑥ ⓑ ink

B. ① i ll i nk i nch ⓘ
② h ip h op h at ⓗ
③ g ate g ood g ame ⑨
④ h ood h eel h ole ⓗ
⑤ p ig d ip s it ⓘ

C. ① hold ② hole ③ dip ④ bug
⑤ itch ⑥ gate

D. ① Ben bin ② hood good
③ hold gold ④ hip hop

UNIT ⑩ p.64

Jack was just joking in the jeep.

챈트

J is a letter in the alphabet.
J! J! J! J!
J makes the sound [ʤ/쥐].
[ʤ/쥐], [ʤ/쥐], [ʤ/쥐]!
J is for jam, jam, jam, jam.
J is for jaw, jaw, jaw, jaw.
J is for jet, jet, jet, jet.
J is for jelly, jelly, jelly, jelly.
J is a letter in the alphabet.
J says [ʤ/쥐].
[ʤ/쥐], [ʤ/쥐], [ʤ/쥐], [ʤ/쥐]!

연습

Ⓑ ① job 직업 jog 조깅하다
② jug 물병 jaw 턱
③ joy 기쁨 jar 병, 단지
④ jet 제트기 jam 잼
⑤ jeep 지프차 jump 뛰다

Ⓒ ① ⓐ ham 햄 ⓑ jam 잼
② ⓐ keep 유지하다 ⓑ jeep 지프차
③ ⓐ jump 뛰다 ⓑ bump 부딪히다
④ ⓐ poke 쿡 찌르다 ⓑ joke 농담(하다)
⑤ ⓐ jug 물병 ⓑ bug 벌레
⑥ ⓐ jail 감옥 ⓑ fail 실패하다

UNIT ⑪ p.68

Kate kicked Ken's old bike.

챈트

K is a letter in the alphabet.
K! K! K! K!
K makes the sound [k/ㅋ].
[k/ㅋ], [k/ㅋ], [k/ㅋ]!
K is for king, king, king, king.
K is for kite, kite, kite, kite.
K is for sky, sky, sky, sky.
K is for duck, duck, duck, duck.
K is a letter in the alphabet.
K says [k/ㅋ].
[k/ㅋ], [k/ㅋ], [k/ㅋ]!

연습

Ⓑ ① duck 오리 sky 하늘
② king 왕 kite 연
③ look 보다 book 책
④ kiss 키스(하다) key 열쇠
⑤ drink 마시다 kid 아이

Ⓒ ① ⓐ hid 숨었다(hide의 과거형) ⓑ kid 아이
② ⓐ kiss 키스(하다) ⓑ miss 놓치다
③ ⓐ spy 스파이 ⓑ sky 하늘
④ ⓐ bite 물다 ⓑ kite 연
⑤ ⓐ sing 노래하다 ⓑ king 왕
⑥ ⓐ kick 차다 ⓑ lick 핥다

UNIT 12 p.72

ⓁisaⓁikesⓁemonⓁollipops.

챈트

L is a letter in the alphabet.
L! L! L! L!
L makes the sound [l/ㄹ].
[l/ㄹ], [l/ㄹ], [l/ㄹ]!
L is lip, lip, lip, lip.
L is for lake, lake, lake, lake.
L is for lock, lock, lock, lock.
L is for love, love, love, love.
L is a letter in the alphabet.
L says [l/ㄹ].
[l/ㄹ], [l/ㄹ], [l/ㄹ], [l/ㄹ]!

연습

Ⓑ ❶ like 좋아하다   lock 자물쇠
　 ❷ bell 종   doll 인형
　 ❸ lamp 램프   love 사랑
　 ❹ leaf 나뭇잎   lake 호수
　 ❺ lip 입술   lid 뚜껑
Ⓒ ❶ ⓐ like 좋아하다   ⓑ bike 자전거
　 ❷ ⓐ kid 아이   ⓑ lid 뚜껑
　 ❸ ⓐ lake 호수   ⓑ bake 굽다
　 ❹ ⓐ camp 야영하다   ⓑ lamp 램프
　 ❺ ⓐ dove 비둘기   ⓑ love 사랑
　 ❻ ⓐ lock 자물쇠   ⓑ sock 양말 한 짝

Review p.76

A. ❶ ⓐ jet ❷ ⓑ lake ❸ ⓐ kick
　　 ❹ ⓑ lock ❺ ⓑ king ❻ ⓑ jelly
B. ❶ k ey   k ing   k ite   ⓚ
　　 ❷ l id   l ike   l ake   ⓛ
　　 ❸ duc k   drin k   loo k   ⓚ
　　 ❹ j eep   j oke   j ump   ⓙ
　　 ❺ j et   j am   j ug   ⓙ

C. ❶ love ❷ jaw ❸ sky ❹ jump
　　 ❺ lid ❻ king
D. ❶ kid lid ❷ jog log
　　 ❸ jam lamb ❹ cake lake

UNIT 13 p.82

Ⓜix, Ⓜiss Ⓜix! Ⓜash Ⓜy potatoes with ⓂushrooⓂs.

챈트

M is a letter in the alphabet.
M! M! M! M!
M makes the sound [m/ㅁ].
[m/ㅁ], [m/ㅁ], [m/ㅁ]!
M is for mat, mat, mat, mat.
M is for mask, mask, mask, mask.
M is for meet, meet, meet, meet.
M is for milk, milk, milk, milk.
M is a letter in the alphabet.
M says [m/ㅁ].
[m/ㅁ], [m/ㅁ], [m/ㅁ], [m/ㅁ]!

연습

Ⓑ ❶ milk 우유   mix 섞다
　 ❷ mat 매트   map 지도
　 ❸ comb 빗   lamb 양
　 ❹ moon 달   mask 가면
　 ❺ time 시간   game 게임, 경기
Ⓒ ❶ ⓐ fix 수리하다   ⓑ mix 섞다
　 ❷ ⓐ meet 만나다   ⓑ feet 두 발(foot의 복수)
　 ❸ ⓐ cap 캡 모자   ⓑ map 지도
　 ❹ ⓐ mask 가면   ⓑ task 일, 업무
　 ❺ ⓐ mail 편지   ⓑ hail 우박
　 ❻ ⓐ mat 매트   ⓑ bat 박쥐

UNIT 14 p.86

 Nine nuts in a nice nest.

챈트

N is a letter in the alphabet.
N! N! N! N!
N makes the sound [n/ㄴ].
[n/ㄴ], [n/ㄴ], [n/ㄴ]!
N is for new, new, new, new.
N is for nut, nut, nut, nut.
N is for bun, bun, bun, bun.
N is for nose, nose, nose, nose.
N is a letter in the alphabet.
N says [n/ㄴ].
[n/ㄴ], [n/ㄴ], [n/ㄴ], [n/ㄴ]!

연습

Ⓑ ① nail 못 nut 견과
② new 새로운 run 달리다
③ nose 코 nine 아홉, 9
④ nest 둥지 net 그물
⑤ horn 뿔 bun 번(단맛이 많이 나는 작고 동그란 빵)
Ⓒ ① ⓐ mail 편지 ⓑ nail 못
② ⓐ rose 장미 ⓑ nose 코
③ ⓐ cut 자르다 ⓑ nut 견과
④ ⓐ nest 둥지 ⓑ west 서쪽
⑤ ⓐ nine 아홉, 9 ⓑ fine 좋은
⑥ ⓐ new 새로운 ⓑ few 많지 않은, 적은

UNIT 15 p.90

 Olive Otter on the rock nods.

챈트

O is a letter in the alphabet.
O! O! O! O!
O makes the sound [ɑ/아].
[ɑ/아], [ɑ/아], [ɑ/아]!

O is for ox, ox, ox, ox.
O is for otter, otter, otter, otter.
O is for clock, clock, clock, clock.
O is for top, top, top, top.
O is a letter in the alphabet.
O says [ɑ/아].
[ɑ/아], [ɑ/아], [ɑ/아], [ɑ/아]!

연습

Ⓑ ① cop 경찰관 ox 황소
② stop 멈추다 mop 자루걸레
③ pot 냄비 top 팽이, 맨 위
④ box 상자 fox 여우
⑤ clock 시계 hop 깡충 뛰다
Ⓒ ① ⓐ fix 수리하다 ⓑ fox 여우
② ⓐ mop 자루걸레 ⓑ map 지도
③ ⓐ pot 냄비 ⓑ pit 구덩이
④ ⓐ pup (동물의) 새끼
    ⓑ pop 뻥 하고 터지다
⑤ ⓐ tap 톡톡 두드리다 ⓑ top 팽이, 맨 위
⑥ ⓐ rock 바위 ⓑ rack 받침대

Review p.94

A. ① ⓐ clock ② ⓑ moon ③ ⓑ nine
④ ⓐ pot ⑤ ⓑ mask ⑥ ⓑ nest
B. ① meet milk moon ⓜ
② nine nest nail ⓝ
③ ox orange octopus ⓞ
④ mop top rock ⓞ
⑤ drum time lamb ⓜ
C. ① pot ② bun ③ time ④ meet
⑤ horn ⑥ rock
D. ① map nap ② nose rose
③ top tip ④ nail mail

UNIT p.98

Pass me the pink pot, please.

챗트

P is a letter in the alphabet.
P! P! P! P!
P makes the sound [p/ㅍ].
[p/ㅍ], [p/ㅍ], [p/ㅍ]!
P is for pie, pie, pie, pie.
P is for pool, pool, pool, pool.
P is for push, push, push, push.
P is for cap, cap, cap, cap.
P is a letter in the alphabet.
P says [p/ㅍ].
[p/ㅍ], [p/ㅍ], [p/ㅍ], [p/ㅍ]!

연습

B ① push 밀다 pink 분홍색
② stop 멈추다 pot 냄비
③ pool 풀장 pear 배
④ pie 파이 piano 피아노
⑤ grape 포도 tape 테이프

C ① ⓐ pink 분홍색 ⓑ link 링크, 고리
② ⓐ bush 관목, 덤불 ⓑ push 밀다
③ ⓐ pool 풀장 ⓑ cool 시원한
④ ⓐ bear 곰 ⓑ pear 배
⑤ ⓐ pie 파이 ⓑ tie 넥타이
⑥ ⓐ tape 테이프 ⓑ take 가지고 가다

UNIT 17 p.102

The queen quit asking questions.

챗트

Q is a letter in the alphabet.
Q! Q! Q! Q!
Q makes the sound [kw/쿼].
[kw/쿼], [kw/쿼], [kw/쿼]!

Q is for queen, queen, queen, queen.
Q is for question, question, question, question.
Q is for quail, quail, quail, quail.
Q is for quack, quack, quack, quack.
Q is a letter in the alphabet.
Q says [kw/쿼].
[kw/쿼], [kw/쿼], [kw/쿼], [kw/쿼]!

연습

B ① queen 여왕 quiz 퀴즈
② quilt 퀼트 quit 그만두다
③ quack 꽥꽥 우는 소리
  square 정사각형
④ quick 빠른 quiet 조용한
⑤ quail 메추라기 quest 탐구

C ① ⓐ quail 메추라기 ⓑ nail 못
② ⓐ pick 고르다 ⓑ quick 빠른
③ ⓐ queen 여왕 ⓑ teen (=teenager) 십대
④ ⓐ nest 둥지 ⓑ quest 탐구
⑤ ⓐ quit 그만두다 ⓑ hit 치다
⑥ ⓐ pack (짐을) 싸다, 꾸리다
  ⓑ quack 꽥꽥 우는 소리

UNIT 18 p.106

Red roses on the red roof.

챗트

R is a letter in the alphabet.
R! R! R! R!
R makes the sound [r/ㄹ].
[r/ㄹ], [r/ㄹ], [r/ㄹ]!
R is for rain, rain, rain, rain.
R is for read, read, read, read.
R is for rice, rice, rice, rice.
R is for car, car, car, car.
R is a letter in the alphabet.

R says [r/ㄹ].

[r/ㄹ], [r/ㄹ], [r/ㄹ], [r/ㄹ]!

연습

B ① rice 밥　roof 지붕

② star 별　car 자동차

③ ride 타다　rope 줄, 밧줄

④ run 달리다　jar 병, 단지

⑤ tear 눈물　red 빨간색

C ① ⓐ dice 주사위　ⓑ rice 밥

② ⓐ roof 지붕　ⓑ hoof (말 등의) 발굽

③ ⓐ pain 고통　ⓑ rain 비

④ ⓐ jug 물병　ⓑ rug 깔개

⑤ ⓐ nose 코　ⓑ rose 장미

⑥ ⓐ rope 줄, 밧줄　ⓑ hope 바라다

Review　p.110

A. ① ⓐ queen ② ⓐ question ③ ⓑ cap
④ ⓐ tape ⑤ ⓑ quack ⑥ ⓐ grape

B. ① p ie　p ush　p ear　(p)
② q uiz　q uit　q uiet　(q)
③ r ope　r adio　r ice　(r)
④ q uick　q uack　q uestion　(q)
⑤ r ead　r oof　r ain　(r)

C. ① jar ② quiz ③ tape ④ quick
⑤ car ⑥ tear

D. ① quail rail ② rain pain
③ sink pink ④ pose rose

PART 4

UNIT 19 p.116

Seven swans are swimming slowly.

챈트

S is a letter in the alphabet.

S! S! S! S!

S makes the sound [s/ㅅ].

[s/ㅅ], [s/ㅅ], [s/ㅅ]!

S is for say, say, say, say.

S is for sea, sea, sea, sea.

S is for sick, sick, sick, sick.

S is for gas, gas, gas, gas.

S is a letter in the alphabet.

S says [s/ㅅ].

[s/ㅅ], [s/ㅅ], [s/ㅅ], [s/ㅅ]!

연습

B ① sink 가라앉다　seal 물개

② bus 버스　gas 기체, 가스

③ sick 아픈　sock 양말 한 짝

④ horse 말　mouse 쥐

⑤ say 말하다　sea 바다

C ① ⓐ tea 차　ⓑ sea 바다

② ⓐ sock 양말 한 짝　ⓑ rock 바위

③ ⓐ link 링크, 고리　ⓑ sink 가라앉다

④ ⓐ pick 고르다　ⓑ sick 아픈

⑤ ⓐ seal 물개　ⓑ meal 식사, 끼니

⑥ ⓐ blow (입으로, 바람이) 불다
ⓑ slow 느린

UNIT 20 p.120

Tommy tried to tie two toy boats.

챈트

T is a letter in the alphabet.

T! T! T! T!

T makes the sound [t/ㅌ].

[t/ㅌ], [t/ㅌ], [t/ㅌ]!

T is for tie, tie, tie, tie.

T is for toy, toy, toy, toy.

T is for toe, toe, toe, toe.

T is for wet, wet, wet, wet.

T is a letter in the alphabet.

T says [t/ㅌ].

[t/ㅌ], [t/ㅌ], [t/ㅌ], [t/ㅌ]!

연습

B **1** tree 나무 toe 발가락

　2 coat 코트 tent 텐트

　3 stop 멈추다 tie 넥타이, 묶다

　4 toast 토스트 root 뿌리

　5 meat 고기 nut 견과

C **1** ⓐ tree 나무 ⓑ free 자유로운

　2 ⓐ rent 집세, 방세 ⓑ tent 텐트

　3 ⓐ toy 장난감 ⓑ boy 소년

　4 ⓐ die 죽다 ⓑ tie 넥타이, 묶다

　5 ⓐ coast 해안 ⓑ toast 토스트

　6 ⓐ tape 테이프 ⓑ cape 망토

UNIT 21 p.124

Your ⓤncle ⓤnder the ⓤmbrella is ⓤpset.

챈트

U is a letter in the alphabet.

U! U! U! U!

U makes the sound [ʌ/어].

[ʌ/어], [ʌ/어], [ʌ/어]!

U is for up, up, up, up.

U is for uncle, uncle, uncle, uncle.

U is for bus, bus, bus, bus.

U is for duck, duck, duck, duck.

U is a letter in the alphabet.

U says [ʌ/어].

[ʌ/어], [ʌ/어], [ʌ/어], [ʌ/어]!

연습

B **1** cup 컵 sun 태양

　2 gum 껌 gun 총

3 under 아래에 fun 재미

4 bug 벌레 up 위로

5 rug 깔개 run 달리다

C **1** ⓐ gum 껌 ⓑ gem 보석

　2 ⓐ sun 태양 ⓑ sin 죄

　3 ⓐ cop 경찰관 ⓑ cup 컵

　4 ⓐ run 달리다

　　ⓑ ran 달렸다(run의 과거형)

　5 ⓐ rag 누더기 ⓑ rug 깔개

　6 ⓐ duck 오리 ⓑ deck 갑판

Review p.128

A. **1** ⓑ say **2** ⓐ tree **3** ⓑ cup

　4 ⓑ under **5** ⓐ meat **6** ⓑ sun

B. **1** u p u ncle u nder ⓤ

　2 t oy t oast t ent ⓣ

　3 s ay s eal s ock ⓢ

　4 t ie t oe t ree ⓣ

　5 b us g um s un ⓤ

C. **1** coat **2** rug **3** horse

　4 umbrella **5** uncle **6** wet

D. **1** hot hut **2** sip tip

　3 test vest **4** sick tick

UNIT 22 p.132

ⓥery well, ⓥery well, ⓥery well!

챈트

V is a letter in the alphabet.

V! V! V! V!

V makes the sound [v/ㅂ].

[v/ㅂ], [v/ㅂ], [v/ㅂ]!

V is for van, van, van, van.

V is for vet, vet, vet, vet.

V is for vest, vest, vest, vest.

V is for give, give, give, give.

V is a letter in the alphabet.

V says [v/ㅂ].

[v/ㅂ], [v/ㅂ], [v/ㅂ], [v/ㅂ]!

연습

B **1** veil 면사포   vase 꽃병

2 cave 동굴   vote 투표하다

3 glove 야구 장갑   vest 조끼

4 hive 벌집   give 주다

5 five 다섯, 5   love 사랑

C **1** ⓐ case 상자, 케이스   ⓑ vase 꽃병

2 ⓐ vet 수의사   ⓑ pet 애완동물

3 ⓐ van 밴, 승합차   ⓑ pan 냄비, 팬

4 ⓐ chest 가슴   ⓑ vest 조끼

5 ⓐ hive 벌집

ⓑ hike 하이킹, 걸어서 다니는 여행

6 ⓐ cape 망토   ⓑ cave 동굴

UNIT 23 p.136

The ⓦicked ⓦitch ⓦished the ⓦicked ⓦish.

챈트

W is a letter in the alphabet.

W! W! W! W!

W makes the sound [w/우].

[w/우], [w/우], [w/우]!

W is for walk, walk, walk, walk.

W is for weed, weed, weed, weed.

W is for wolf, wolf, wolf, wolf.

W is for worm, worm, worm, worm.

W is a letter in the alphabet.

W says [w/우].

[w/우], [w/우], [w/우], [w/우]!

연습

B **1** wolf 늑대   wave 파도

2 wind 바람   wet 젖은

3 weed 잡초   worm 벌레

4 watch (TV를) 보다   witch 마녀

5 water 물   way 길

C **1** ⓐ talk 이야기하다   ⓑ walk 걷다

2 ⓐ worm 벌레   ⓑ form 유형

3 ⓐ need 필요하다   ⓑ weed 잡초

4 ⓐ wood 목재   ⓑ food 음식

5 ⓐ watch (TV를) 보다

ⓑ patch 부분, 조각

6 ⓐ gave 주었다(give의 과거형)

ⓑ wave 파도

UNIT 24 p.140

A bo⊗ of mi⊗ed si⊗ wa⊗es.

챈트

X is a letter in the alphabet.

X! X! X! X!

X makes the sound [ks/ㅋㅅ].

[ks/ㅋㅅ], [ks/ㅋㅅ], [ks/ㅋㅅ]!

X is for ax, ax, ax, ax.

X is for ox, ox, ox, ox.

X is for box, box, box, box.

X is for taxi, taxi, taxi, taxi.

X is a letter in the alphabet.

X says [ks/ㅋㅅ].

[ks/ㅋㅅ], [ks/ㅋㅅ], [ks/ㅋㅅ], [ks/ㅋㅅ]!

연습

B **1** box 상자   ax 도끼

2 max 최대한   ox 황소

3 six 여섯, 6   taxi 택시

4 wax 왁스   tax 세금

5 mix 섞다   fox 여우

C **1** ⓐ map 지도   ⓑ max 최대한

2 ⓐ six 여섯, 6   ⓑ sit 앉다

3 ⓐ on ~위에   ⓑ ox 황소

④ ⓐ fix 수리하다　ⓑ fill 채우다

⑤ ⓐ wax 왁스　ⓑ walk 걷다

⑥ ⓐ mix 섞다　ⓑ milk 우유

Review p.144

A. ① ⓐ wolf　② ⓑ ax　③ ⓑ vest

④ ⓑ glove　⑤ ⓐ box　⑥ ⓑ walk

B. ① bo x　fo x　wa x　ⓧ

② v et　v an　v ote　ⓥ

③ wave　witch　water　ⓦ

④ mi x　fi x　si x　ⓧ

⑤ wind　watch　wood　ⓦ

C. ① wave　② give　③ fix　④ witch

⑤ vase　⑥ max

D. ① set vet　② west vest

③ weed seed　④ wax way

PART 5

UNIT 25 p.150

Ⓨour new Ⓨellow Ⓨo-Ⓨo is in the Ⓨard.

챈트

Y is a letter in the alphabet.

Y! Y! Y! Y!

Y makes the sound [j/이].

[j/이], [j/이], [j/이]!

Y is for yam, yam, yam, yam.

Y is for yes, yes, yes, yes.

Y is for yell, yell, yell, yell.

Y is for yolk, yolk, yolk, yolk.

Y is a letter in the alphabet.

Y says [j/이].

[j/이], [j/이], [j/이], [j/이]!

연습

B ① yell 소리 지르다　yoyo 요요

② yam 얌, 참마　yard 마당

③ yawn 하품하다　year 해, 년

④ yet 아직　yelp 비명을 지르다

⑤ yolk 달걀 노른자　yarn 털실

C ① ⓐ yard 마당　ⓑ hard 열심히

② ⓐ fellow 동료　ⓑ yellow 노란색

③ ⓐ yell 소리 지르다　ⓑ sell 팔다

④ ⓐ yolk 달걀 노른자　ⓑ folk 사람들

⑤ ⓐ jam 잼　ⓑ yam 얌, 참마

⑥ ⓐ yawn 하품하다

　ⓑ dawn 새벽, 여명

UNIT 26 p.154

A Ⓩebra in the Ⓩoo tries to Ⓩip his bag open.

챈트

Z is a letter in the alphabet.

Z! Z! Z! Z!

Z makes the sound [z/ㅈ].

[z/ㅈ], [z/ㅈ], [z/ㅈ]!

Z is for zip, zip, zip, zip.

Z is for zoo, zoo, zoo, zoo.

Z is for zero, zero, zero, zero.

Z is for jazz, jazz, jazz, jazz.

Z is a letter in the alphabet.

Z says [z/ㅈ].

[z/ㅈ], [z/ㅈ], [z/ㅈ], [z/ㅈ]!

연습

B ① zero 영, 0　zone 구역

② quiz 퀴즈　zip 지퍼

③ jazz 재즈　buzz 윙윙거리다

④ size 사이즈, 치수　zoom 줌 렌즈

⑤ zebra 얼룩말　zoo 동물원

C **1** ⓐ **sip** 홀짝홀짝 마시다　ⓑ **zip** 지퍼

2 ⓐ **zero** 영, O　ⓑ **hero** 영웅

3 ⓐ **bone** 뼈　ⓑ **zone** 구역

4 ⓐ **boom** 붐, 호황　ⓑ **zoom** 줌 렌즈

5 ⓐ **zoo** 동물원　ⓑ **too** 너무, ~도 또한

6 ⓐ **size** 사이즈, 치수　ⓑ **site** 위치, 장소

UNIT 27 p.158

The king wearing a ring sang winning songs.

챈트

NG are letters in the alphabet.
NG! NG! NG! NG!
NG make the sound [ŋ/ㅇ].
[ŋ/ㅇ], [ŋ/ㅇ], [ŋ/ㅇ]!
NG are for bang, bang, bang, bang.
NG are for hang, hang, hang, hang.
NG are for ring, ring, ring, ring.
NG are for sing, sing, sing, sing.
NG are letters in the alphabet.
NG say [ŋ/ㅇ].
[ŋ/ㅇ], [ŋ/ㅇ], [ŋ/ㅇ], [ŋ/ㅇ]!

연습

B **1** **long** 긴　**wing** 날개

2 **gong** (악기) 징　**song** 노래

3 **king** 왕　**hang** 걸다

4 **fang** 송곳니　**sing** 노래하다

5 **bang** 쾅 하는 소리　**sting** 쏘다

C **1** ⓐ **bang** 쾅 하는 소리　ⓑ **bat** 박쥐

2 ⓐ **rip** 찢다　ⓑ **ring** 반지

3 ⓐ **hat** 모자　ⓑ **hang** 걸다

4 ⓐ **fan** 선풍기, 팬　ⓑ **fang** 송곳니

5 ⓐ **swim** 수영하다　ⓑ **swing** 그네

6 ⓐ **sing** 노래하다　ⓑ **sit** 앉다

Review p.162

A. **1** ⓑ **zoo**　**2** ⓐ **yarn**　**3** ⓐ **sing**

4 ⓐ **bang**　**5** ⓐ **zip**　**6** ⓐ **yell**

B. **1** z one　z oom　z ero　(z)

2 y es　y elp　y ell　(y)

3 fang　wing　sting　(ng)

4 z ip　z ebra　z oo　(z)

5 long　spring　swing　(ng)

C. **1** long　**2** yawn　**3** jazz

4 spring　**5** yellow　**6** size

D. **1** wind wing　**2** zoo you

3 yam jam　**4** bang bank

UNIT 28 p.166

Charlie chops chips for the chicks.

챈트

CH are letters in the alphabet.
CH! CH! CH! CH!
CH make the sound [ʧ/취].
[ʧ/취], [ʧ/취], [ʧ/취]!
CH are for chin, chin, chin, chin.
CH are for chip, chip, chip, chip.
CH are for chop, chop, chop, chop.
CH are for beach, beach, beach, beach.
CH are letters in the alphabet.
CH say [ʧ/취].
[ʧ/취], [ʧ/취], [ʧ/취], [ʧ/취]!

연습

B **1** **chip** 칩, 감자튀김　**chick** 병아리

2 **chair** 의자　**catch** 잡다

3 **chew** 씹다　**peach** 복숭아

4 **chin** 턱　**chop** 잘게 자르다

5 **bench** 벤치　**chain** 사슬

C ❶ ⓐ chip 칩, 감자튀김 ⓑ lip 입술

❷ ⓐ pop 뻥 하고 터지다

ⓑ chop 잘게 자르다

❸ ⓐ beach 해변 ⓑ bean 콩

❹ ⓐ chair 의자 ⓑ pair 쌍, 짝

❺ ⓐ bench 벤치 ⓑ bend 굽히다

❻ ⓐ peach 복숭아 ⓑ peak 절정, 정점

UNIT 29 p.170

She sells seashells on a seashore.

[챈트]

SH are letters in the alphabet.

SH! SH! SH! SH!

SH make the sound [ʃ/쉬].

[ʃ/쉬], [ʃ/쉬], [ʃ/쉬]!

SH are for ship, ship, ship, ship.

SH are for shop, shop, shop, shop.

SH are for shell, shell, shell, shell.

SH are for dish, dish, dish, dish.

SH are letters in the alphabet.

SH say [ʃ/쉬].

[ʃ/쉬], [ʃ/쉬], [ʃ/쉬], [ʃ/쉬]!

[연습]

B ❶ shell (조개·굴 등의) 껍데기 shirt 셔츠

❷ dish 접시 sheep 양

❸ shy 수줍은 shoe 신발

❹ trash 쓰레기 fish 물고기

❺ crush 눌러서 뭉개다 wash 씻다

C ❶ ⓐ shop 가게 ⓑ top 팽이, 맨 위

❷ ⓐ bell 종 ⓑ shell (조개·굴 등의) 껍데기

❸ ⓐ deep 깊은 ⓑ sheep 양

❹ ⓐ foe 적 ⓑ shoe 신발

❺ ⓐ ship 배 ⓑ hip 엉덩이

❻ ⓐ shirt 셔츠 ⓑ dirt 먼지

UNIT 30 p.174

Three thin thieves think a thousand thoughts.

[챈트]

TH are letters in the alphabet.

TH! TH! TH! TH!

TH make the sound [θ].

[θ], [θ], [θ], [θ]!

TH are for thin, thin, thin, thin.

TH are for thick, thick, thick, thick.

TH are for three, three, three, three.

TH are for bath, bath, bath, bath.

TH are letter in the alphabet.

TH say [θ].

[θ], [θ], [θ], [θ]!

[연습]

B ❶ thin 얇은, 마른 thick 두꺼운

❷ thank 감사하다 thief 도둑

❸ math 수학 throw 던지다

❹ three 셋, 3 thumb 엄지손가락

❺ bath 욕조, 목욕 teeth 이(tooth의 복수)

C ❶ ⓐ thick 두꺼운 ⓑ kick 차다

❷ ⓐ teen (=teenager) 십대

ⓑ teeth 이(tooth의 복수)

❸ ⓐ bad 나쁜 ⓑ bath 욕조, 목욕

❹ ⓐ three 셋, 3 ⓑ tree 나무

❺ ⓐ chin 턱 ⓑ thin 얇은, 마른

❻ ⓐ think 생각하다 ⓑ pink 분홍색

Review p.178

A. ❶ ⓑ chip ❷ ⓑ thin ❸ ⓑ shop

❹ ⓐ three ❺ ⓐ shell ❻ ⓐ chin

B. ❶ sh oe sh eep sh ip (sh)

❷ ma th ba th tee th (th)

❸ ch ew ch air ch ild (ch)

4 th ief   th ink   th row   (th)

5 cat ch   bea ch   ben ch   (ch)

C. **1** thick **2** throw **3** crush

4 chop **5** peach **6** dish

D. **1** ship chip **2** chin thin

3 chop shop **4** sell shell

A	B	C	D	E
F	G	H	I	J
K	L	M	N	O
P	Q	R	S	T
U	V	W	X	Y
Z	NG	CH	SH	TH

a	b	c	d	e
f	g	h	i	j
k	l	m	n	o
p	q	r	s	t
u	v	w	x	y
z	ng	ch	sh	th